Andreas Netzler

Vergänglichkeit - durch sie werden wir uns erkennen

Gedichte

© 2021 Andreas Netzler

Autor: Andreas Netzler
Umschlaggestaltung, Illustration: Andreas Netzler
Lektorat, Korrektorat: Andreas Netzler

Verlag & Druck:
tredition GmbH
Halenreie 40-44
22359 Hamburg

ISBN: 978-3-347-31474-0 (Paperback)
ISBN: 978-3-347-31475-7 (Hardcover)
ISBN: 978-3-347-31476-4 (e-Book)

Bibliografische Information der Deutschen Nationalbibliothek:
Die Deutsche Nationalbibliothek verzeichnet diese Publikation in der Deutschen Nationalbibliografie; detaillierte bibliografische Daten sind im Internet über http://dnb.d-nb.de abrufbar

Inhalt

Ich werde dich erkennen, wenn du kommst
Ich gehe schon mal vor
dort - durch dieses enge letzte Tor
doch wenn du nachkommst werde ich dich erkennen
und leise dich bei deinem Namen nennen
um dich wieder an der Hand zu nehmen
- denn ich möchte mit dir durch die Unendlichkeit gehen.

Segen
Beim Abschied von der Welt
überreicht man am besten den Erben ein nettes Säckchen Geld
weil dann zumindest den Erben der Abschied leichter fällt
wo jeder mit dem Geld etwas mehr von der Welt in Händen hält
wofür sie einem dann und wann ein Blümchen auf das Grab legen:
Was war der oder die Verstorbene doch für ein Segen
war Sie oder Er auch launenhaft und bisweilen etwas unangenehm
so können die Verbliebenen mit dem Münzen gelassener in die Zukunft seh'n.

Sensationell bitter
Weil die Zeit keinen fest hält
kommt der Moment, wo man geht, dann stolpert und dauerhaft fällt
und ist das auch letztlich für niemanden eine wirkliche Neuigkeit
so ist es doch für den Betroffenen zumeist von „sensationeller" Bitterkeit
mit keiner Süßigkeit, keinem Wort und keinen Träumen abzuwenden:
Das Enden.

Stundenglas
Leise murmelt der Sand im Stundenglas:
„Das war's, das war's
denn kein Sandkorn kann je zurück
ohne Rücksicht auf Verdienst und Schönheit, Schmerz oder Glück."

Noch ein Stück des Weges
Er wehrte sich zu sterben
wollte leben
denn sein Herz stand noch nicht still
also presste er mit schwachem Atem heraus: „Ich will noch nicht – ich will"
und so ist er stumm in Gedanken nochmals durch sein Leben gegangen

hat viel Gelebtes und Verlorenes abermals in sich gefunden
getrieben, schmerzlich und zugleich zunehmend bleich
bis der letzte Befehl der Ewigkeit kam: „Vergehe sogleich"
und ich habe ihn an der Hand gehalten und angesehen:
„Ich werde dieses kurze Stück des Weges noch mit dir gehen"
doch er hat mich kaum angesehen und seine Panik kaum ertragen
denn in seinem Blick war zuletzt ein unermessliches Verzagen
und ich konnte ihn gut verstehen
- und musste Stunden später ohne ihn gehen.

Finden und gesunden
Ich hatte gehofft, Du würdest mich noch lange begleiten
        doch nun legst Du dich nieder und gehst
und es ist nicht mehr viel zu sagen am Ende deiner Reisen
        die Welt wird sehr klein sobald Du nicht mehr bei mir stehst
denn das Schweigen wird auch bald nach mir greifen
        so lasse mich deine Hand und dein Gesicht nochmals halten
und nichts Bekanntes ist mitzunehmen, doch ich werde noch etwas verweilen
        mit deinen Gesten und Worten, die auch ohne dich weiterwirken und walten
- doch adieu nun, ich komme bald nach, weil meine Kraft auch nicht viel weiter
reicht
        aber solange sehe ich noch nach deinen Blumen
und ich hoffe Du erwartest mich dann – vielleicht
        damit unsere Herzen sich wieder finden und aneinander gesunden.

Anderes Leben?
Das Ende? Das ist immer missglückt
sobald der Tod ein Leben vom Lebensbaum pflückt
- also frage weiter nicht
wie und wann es zerbricht
auch wenn dich der Zeitpunkt und die Art interessiert
weil es selten etwas ist, dass zu einem anderen Leben führt.

Er legt einen Brief auf das Grab
Er musste ihr Briefe schreiben
um nicht ohne Sie verloren durch die Zeit zu treiben
denn sie lebte in ihm weiter jeden Moment
nichts hatte ihre Verbundenheit zerschnitten oder verbrannt
war auch ihre Zärtlichkeit nun nicht mehr in dieser Welt zu sehen
doch sie würde immer an seiner Seite gehen

und so schrieb oder sprach er nun täglich mit ihr
denn dort im Jenseits, da wartete sie bestimmt auf ihn hinter der ersten Tür.

Wache
Du hast deinen Horizont erreicht
nun gibt es keinen Weg mehr, der dem Ende ausweicht
also gehst du fort und bleibst doch irgendwie hier
und ich? Irgendwann folge ich dir
- und darum halte bitte kurz hinter dem Tor zur Ewigkeit Wacht
damit ich dich gleich wieder finde in der unendlichen Nacht.

Einsicht
Die Einsicht, dass es ein Ende gibt
kommt früh, wenn man es recht besieht
doch ändert die Einsicht an sich nicht viel:
Ein gelungener Moment bleibt immer das Ziel
und noch ein Tag und immer so weiter
bis zum Schluss unserer kurzen Lebens-Leiter
und solltest du aus Einsicht an dir mal schwermütig tragen
kannst du deinen Psychiater ja mal fragen
um Pillen für ein sanftes Vergessen oder nette Illusionen
um die Welt etwas unbeschwerter zu bewohnen
- was aber die Einsicht letztlich doch nicht vertreibt
weshalb sie stets an dir kleben bleibt.

Liebende
Zwei Körper und doch nur ein Herz
zwei Seelen, doch ein Lachen und ein Schmerz
zwei Spuren und doch ein gemeinsamer Pfad
das sind Liebende – bis es auf Erden zu Ende ward
und wenn einer geht gehen eigentlich bald zwei dahin
sie waren einander Ankunft, Quelle, Geborgenheit und Sinn
und das auch noch nach vielen Jahren
weil sie Liebende waren.

Euripides sinngemäß
Es schließt sich der Vorhang
nach viel Freude und Bang
und man ist von Bildern bedrängt oder besoffen

doch von einer Erkenntnis besonders betroffen:
Nun kommt nichts mehr – und man möchte doch so gerne weiter hoffen.

Noch mal von vorne
Dass eine Seele völlig verschwindet sei unvorstellbar?
So, als ob sie niemals auf Erden war?
Doch schon nach jedem kräftigen Suff
sind etliche Momente weg – wie mit einem Puff
und wenn das Lebenslicht erst mal richtig raucht
weil das Schicksal es aushaucht
werden aus Knochen und Hirn Krümel und Erde
aus denen nie mehr eine unruhige Seele werde
womit sie zwangsläufig enttäuscht verrinnt
- auch wenn du hoffst, dass es irgendwie noch mal von vorne beginnt.

Trickkiste
Manche haben einen Glauben
denen ist er scheinbar durch nichts zu rauben
denn er verspricht ihnen einen gütigen Freund und ewiges Leben
womit sie sich selbst Gott-ähnlicher fühlen – und leichter leben
denn sie müssen sich auf weniger Abschiedsschmerz einstellen
weil sie sich eine ewige Welt mit dem Glauben erstellen
und zudem stehen sie automatisch auf der Seite der Gerechten
auch wenn sie fleißig andere missachten
- womit sich der Glaube als wunderbar vielfältige Trickkiste erweist
mit der man im Zweifel leichter durch das Leben reist
denn er ist auf eine raffinierte Weise so konstruiert
dass er erst nach dem Tode zerbrechen kann - was dann nicht mehr interessiert.

Nützliche Illusionen
Was nicht sinnlich erfahrbar ist bleibt dunkel
oft nur eine diffuse Hoffnung oder eines Glaubens Gemunkel
doch letztere können einer Seele wie ein Rettungsboot von einem jenseitigen Leben erzählen
um sich nicht mit der Endgültigkeit jeden Augenblicks zu quälen
- also wähle die Illusionen, die dir schöne Hoffnungen schenken
auf das sie dich sinnlich, fröhlich und sanft zu dir und anderen lenkt
und wenn dich jemand dafür rügt: Zwinkere ihm/ihr zu
und genieße dein kleines weises Narrenspiel weiterhin in Ruh`.

Herz: Poche

Du bist enttäuscht und allein?
Hoffst, ein nächstes Leben möge besser sein?
Also versuchst du dir ein neues Leben vorzustellen?
Denn die Liebe und das Leben sei zu intensiv um am Ende zu zerschellen?
Darum lebst und wartest du als gäbe es noch ein weiteres Leben?
Und weißt doch: Du wirst dich wohl nur noch als Wasserdampf erheben
und alle Sinnlichkeit und Wonnen versickern in der Erde
in einem Schluss von unendlicher Sinnen-Leere?
Und doch bist du ein Narr der noch weiter hofft?
Gut so – weise Narretei ist beste Medizin so lange ein Herz pocht.

Irrtum nicht ausgeschlossen

Trotz aller Lust und Liebe kommt irgendwann der Schnitter
und das ist so gewiss wie bitter
weswegen man gerne an irgendeine Wiedergeburt denkt
hoffend, dass einem ein weiteres Seelenleben winkt
selbst wenn man ahnt, dass sich das vielleicht als Irrtum erweist
wenn man künftig z.B. als Ameise, Käfer, Blume, Sandkorn oder Wolke die Erde
bereist
- doch das Gute daran ist: Man wird den Irrtum nicht erleben
also ist es eine gute Vision, um heute etwas leichter durch den Tag zu gehen.

Begleiter

Horch doch mal: Klopft da nicht etwas an die Fensterscheibe?
Nein, du hörst Gespenster - das sind nur die dünnen Äste der alten Weide.
Aber so höre doch – da ist doch wieder das Klopfen.
Das sind doch nur ein paar Regentropfen.
Nein, nein, da war es schon wieder!
Und dazu noch ein dumpfer Ton, auf und nieder!
Beruhige dich – es ist bestimmt nicht der Tod
denn der kommt oft leise, wenn er dich holt
zumal er dir am liebsten im Schlaf den Hals zuhält:
Dann hörst du nicht mal wie deine Tür zum Leben zufällt.
Aber wenn er es jetzt da draußen vor dem Fenster ist?
Dann schau doch mal raus, ob du nicht bald sein Begleiter bist.
Und wenn er mich packt? Ich höre das Klopfen und Raunen schon seit Jahren.
Gewiss – weil des Todes Boten uns immer schon über die Schulter sahen.

Angeklopft
Noch hat nur der kleine Tod anklopft
wenn er dir mit einer tiefen Erschöpfung an deiner Seele zupft
oder wenn er nochmals an dir vorüber geht
weil plötzlich ein weiterer Bekannter unter der Erde liegt
doch eines Tages kommt er um die Ecke
und du stehst in einer Sackgasse mit einer nur noch kurzen Strecke
ist auch das Herz immer noch zu einem Sprung über manche Mauer bereit
doch er legt dir die Hand auf die Schulter: Du springst nicht mehr – es ist soweit.

Hinaus
Was sagt man jenem der vergeht?
Für den kein neuer Tag mehr entsteht?
Dem kaum noch ein neuer Atemzug gegeben ist?
Der nur noch wenig träumt und alles vermisst?
„Schlaf gut und ruhe nun aus
du musst jetzt gehen – aus allem hinaus."

Bis dann
Die Jugend äußert manches voll Übermut
denn das tut ihrem Selbstwertgefühl so richtig gut:
„Alte/r, du stolperst schon – du siehst ja aus wie ein fliegender Walfisch"
Oder: „Schau den/die da an – die haben ihr Leben doch schon hinter sich."
So sieht die Jugend das Alter zynisch bis unbekümmert an
und ich denke mir: Auch du bist schneller als gedacht dran.

Tropfen
Des Lebens Erntezeit
kommt mit den Jahren oft nicht so recht – oder zu spät kurz vor der Ewigkeit
womit so manche/r nicht die schönsten Früchte eines Lebens erreicht
und die Seele schon vor dem Ende einem fallenden und verrinnenden Tropfen
gleicht.

Nicht mehr neu
Schönheit ist vergänglich
        und da hilft auch kein nettes Wort
denn besieht man sich den Zeiten-Fluss hinlänglich
        fühlt man sich zum Schluss am falschen Ort
weil das Leben zunehmend beißt und zwickt

damit beschäftigt, Erschöpfung und Schmerzen nieder zu ringen
doch man wird zunehmend müde und auch ungeschickt
denn es wird immer blöder: Man kann nicht mehr neu und jung beginnen.

Nicht wirklich anzunehmen
Da sitzen nun die zwei - vielleicht noch nicht – ganz Alten
und warten geduldig, schmerzlich und stumm auf ihr Erkalten
und werden bis zuletzt von ihrem Traum einer Ewigkeit nicht lassen
um sich ewig zu haben – das Schweigen nach dem Leben ist nicht zu fassen
denn eine leblose Gleichgültigkeit ist nie wirklich zu verstehen
und anzunehmen.

Ertragen
Sie wird in der Welt keine Lücke hinterlassen
und so können - bis auf sie – eigentlich alle dies traurige Schicksal gut fassen
also werfen sie ihr noch eine Hand Erde hinterher:
Sie war sich selbst ein steter Störenfried – doch daran trugen auch andere schwer.

Später Nutzen
Nach Jahrzehnten hatte Er/Sie sich an sich selbst gewöhnt
und mit der eigenen Unzulänglichkeit etwas versöhnt
also konnte er/sie sich nun fast akzeptieren und ertragen
zumindest soweit, um zu sich selbst „ja" zu sagen
ohne sich dabei vor sich selbst zu verstecken
oder in Träumen weit über sich hinaus zu strecken
und so konnte er/sie sich nach all den Jahren duldsam selbst ansehen
doch nun war man alt – was nutzte da noch das Verstehen?

Mechanischer
Dein Hoffen – so wie früher wird es nimmer mehr?
Denn müde fühlst du dich, erschöpft, leer und schwer?
Doch du musst noch viele Tage gehen?
Willst noch lange nicht am Abgrund stehen?
Also dann bewege deine Knochen
ist es auch mechanischer und mit weniger hoffen
denn nur so tragen sie deinen Körper und deine Seele noch
und du fällst heute noch nicht abgrundtief in ein Loch.

Nette Aussicht

Kurz und steil ist der Aufstieg am Anfang und lang abfallend der Weg zum Ende
doch so recht bemerkt man dazwischen nicht die Wende
weil die Talfahrt erst leise und langsam beginnt
und die Zeit wie ein flüsterndes Bächlein rinnt
bis man jemandem Blumen auf ein Grab setzt
was auch die eigene Zuversicht verletzt
weil die Perspektive doch ein wenig bedrückt:
Bald wird man selbst vom Schicksal abgepflückt
zur Nahrung für Würmer, Käfer, Sträucher und Blätter
- am Anfang war die Aussicht bedeutend netter.

Staub

Der Vorhang fällt und das Stück ist zu Ende
und mit dem Schluss kommt die bekannte Wende:
Man hat geliebt, gelacht und gelitten
in der Liebe zu selten ein Wildpferd geritten
und doch irgendwie Frieden und Sinnlichkeit gefunden
zumindest genug, um zu sagen: Man hat es überstanden
bis zum letzten Akt – wenn auch ohne Applaus
zumal jetzt, wo es heißt: „Staub zu Staub" – es ist aus.

Auf Wiedersehen

Du bist gegangen – und die Welt blieb dennoch nicht stehen
sie wird sich für die zurück Bleibenden noch eine Zeitlang weiterdrehen
und so werde auch ich noch ein Stück weiter gehen
- doch nur, um dich irgendwann freudig wiederzusehen.

Zeit und Zug

Geliebt, gelacht, geträumt - und doch leise
wird man erst älter und dann zum Greise
und was einst so innig und wichtig ward gewesen
kann man nun mit Abstand in alten Briefen lesen
wie man sich damals - recht gut gebaut -
gebärdete – vielleicht eine Spur zu laut
doch machte die Zeit auch davor nicht halt
und der Spiegel zeigt nun deutlich: Man wird alt
was man mit Beklommenheit kommentiert:
Die Zeit hat uns gezeichnet, aber nicht verziert
doch das Herz möchte weiterreisen

aber wird wohl wie ein Zug mit Achsbruch alsbald krachend entgleisen.

Vorüber
Des Lebens größte Niedertracht ist der Tod
denn nichts treibt ein Herz so sehr in die Not
ist es vorbei mit lachen und leichtem schweben
sanftem annehmen und geben
- was so manche/r Zeit Lebens nie genug erlebt
und sich deshalb besonders mürrisch und zornig in die Kiste legt.

Begleiter
Unsere Toten – sie melden sich nicht mehr zu Wort
und sind doch nie weit fort
weil sie uns treu begleiten
und den Blick auf die eigene Gegenwart und Zukunft weiten
da dieser Blick auch die vergangene Lust und Liebe sieht
und wie sie – vielleicht ohne Wiederkehr – leiser und leiser werdend von dannen
zieht.

Lauf der Welt
Oh Schreck
so viele Jahre sind schon viele weg
und die Kraft, die geschmeidigen Gelenke und auch noch das Geld
was mir alles in allem nicht recht gefällt
zudem werden die Sinne stiller und leiser
die Augen müder und die Stimme heiser
denn das alles ist nun mal der Lauf der Welt
- dumm nur, dass mir das nicht gefällt.

Ewig junges Herz
Das Alter ist ein schlechter Scherz
für das ewig junge Herz
denn wird der Körper auch zu einer immer schlechteren Hülle
mit weniger Liebeslauten und mehr Stille
so suchen wir doch weiter als ob nichts wäre
bis zum Schluss kurz vor der Erde
- denn wer hört schon gerne auf einen schlechten Scherz
und folgt nicht lieber seinem ewig jungen Herz?

Hoffen

Nach dem Tod soll die Zweisamkeit weiterleben:
Wir können uns nicht aus den Augen verlieren
denn ich möchte in längst vergangene Gesichter sehen
um in Gedanken eng umschlungen nebeneinander zu stehen
mindestens so innig, wie es im Leben gewesen ward
mit Berührungen, freundlich, mild und zart
denn so will ich mich mit dir verbinden
auf das wir uns ewig innig durchdringen
- doch das sei nur ein naives Hoffen?
Hörst und spürst du nicht der Liebe wunderbares zeitloses pochen?

Murmelspiel

Nun sitze ich da
sehend, was ist und was war
mit leeren Händen
mag ich sie auch noch so wenden
um etwas neues zu erfassen
doch zuletzt werde ich alles loslassen
doch bis dahin
sind jede Frage und jeder Sinn
so gut wie ein Murmel-Spiel:
Eine Kugel rollt – und fällt in ein Loch am Ziel.

Alles ist heute

Es ist nicht so dass der Blick sich weitet
wenn sich das Ende vor einem ausbreitet
          oder dass die Gedanken zu einem Höhenflug abheben
          wenn des Todes Vorboten vor einem stehen
und das Herz gehetzt nach einer letzten Ausflucht sucht
weil es der Vergänglichkeit harte Rechnung verbucht
          und alle Bitten an der Sanduhr der Zeit abprallen
          während die letzten Bilder und Worte der Liebe verhallen
- und darum warte nicht auf irgendein Geschenk am Ende
denn da herrschen vielleicht nur Raub und Bitternis – suche heute die Wende
          hin zur Lust, zur Freude und zum Frieden:
          Vielleicht wirst du morgen schon fern von alledem liegen.

Weigerung

„Wie schön ich bin" so sprach die 60 Jahre alte Schickse oder der Geck

„Seht doch nur meine Schönheit – so hat das Dasein einen Zweck
erstens um mich täglich an meinem Aussehen zu entzücken
und zweitens um andere durch meine Erscheinung zu beglücken
deshalb ist es nur angemessen, scheinbar wie ein Junger herum zu springen
und mit geübtem Lächeln anderen die Freude meines Anblicks zu bringen."
Da flüsterte das Alter nur: „Wenn du meinst das sei dein Zweck:
Den nahm ich dir schon vor einigen Jahren weg
denn du hast nur nicht richtig in den Spiegel gesehen:
Die Seele mag ja immer jung sein – doch um den Rest ist es schon lange geschehen
- aber jetzt kannst du die Peinlichkeit steigern
und dich dem ehrlichen Blick in den Spiegel verweigern."

Getragen
Wenn du im Alter für jeden Kontakt dankbar bist
weil die Zahl schöner Begegnungen schon arg gedrosselt ist
und die meisten Körner deiner Lebenssanduhr unten liegen
die Tage zu schnell und doch immer gleich verfliegen
während die Seele schon intensiv dem Zeitpunkt lauscht
an dem alles verstummt, zerbricht und verrauscht
wo selbst der Schlaf nur noch wenig Kraft gibt
und die Schwerkraft einen schon stark herunterzieht
mit schwindenden Hoffnungen, eingekerkert in einem erschöpften Leib
auf einem nun kurzen Weg in den Abgrund der Vergänglichkeit
- dann hoffe ich das dich noch jemand in die Arme nimmt
damit deine Seele wie von einem starken Wasser getragen schwimmt.

Verwandlungen
Schlaffe Leiber und rote Ränder
faltige Weiber und ebensolche Männer
bröckelnde Fassaden und einbrechende Hallen
geschminkter Rost und verspachtelte Dellen
kurzer Atem und schwache Beine:
Ergraute Hunde brauchen keine straffe Leine
denn so, mein Schatz, sieht unsere „letzte" Zukunft aus
also betrachte nicht zu genau dies kommende Graus
und lasse uns lieben wie und was wir heute noch sind
auch wenn die Zeit manch Unerquickliches bringt
und uns gar so eigentümlich behandelt
dass sie uns zuletzt zu Erde, Wasser und Luft verwandelt.

Ertragen
Am Ende, vor dem Tod
suchtest du nach kommenden Lebenszeichen in deiner Not
waren es auch nur diese schlichten Worte: „Was soll ich jetzt tun?"
denn du wolltest noch lange nicht ruhen
doch ich konnte deine Hand nur halten und sagen:
„Schlafe ein bisschen" – anders war das Warten nicht zu ertragen.

Vorbereiten
Alt und die Haare weiß:
Dünn wird nun das Eis
wie die Tage und Möglichkeiten
und nun musst du dich vorzubereiten
auf das was keiner braucht:
Man wird vergraben oder man verraucht.

Lebenslicht
Der Spiegel deiner Seele: Er wird etwas matt
denn die Kräfte schwinden – aber du bist noch lange nicht satt
und willst weiter und weiter - und musst doch aufgeben
und zusehen, wie sie dir entgleiten: Deine Tage, dein Leben
in einer täglich neuen Balance aus kleineren Schritten, Verzicht und Rückzug
auch bisweilen errungen durch die Gnade mit einem kleinen Selbstbetrug
bis hin zum Schweigen – denn das Ende ist mit nichts zu versöhnen
doch du wehrst dich und willst dich noch etwas verwöhnen
im Stillen hoffend auf ein ewiges Leben - glaubst du es auch so ganz nicht:
Rar werden am Ende die Möglichkeiten für ein nettes neues Lebenslicht.

Plötzlich
Sinnliche Lust und Endlichkeit:
So schwimmst du in den sanften und stampfenden Wellen der Zeit
und begegnest Umarmungen, Resignation oder Seligkeit
hier mit einer Freude, dort einem Schmerz, Lachen oder Leid
während der Wellengang dir Höhen und Abgründe zeigt
- und plötzlich stehen bleibt.

Sicht
Im Nu
schlägt das Alter zu

und es naht die letzte Ruh
denn das Nichts schließt alle Türen zu
und so will keiner gehen
und wenn, so hofft man auf ein Wiedersehen
damit Liebeslust und Liebessehnen
irgendwann neue schöne Fäden weben
- was nach diesem Schluss vielleicht nicht geschieht
soweit man das als Lebender sieht.

Suche

Das Herz sucht
      bewegende Sinneslust ohne Ende
und verbucht
      dann doch oft eine schnöde Welt mit raschem Ende
worüber sie besser schweigt oder flucht
      denn frei ist der Geist, doch gebunden die Hände
in einem wilden Spiel mit stets gleichem Ende.

Genutzte Zeit

So kalt wie Stein
wird schon bald dein Gebein
und erstickend still
verstummt ein jedes: Ich will
denn es wird brutal und hart
wenn es heißt: Es ward
und kein weiterer Atemzug ist dir mehr vergönnt
wie abgefallenes Laub wirst du davon geschwemmt
und so wirst du verlieren und weichen
kannst kein Ufer mehr erreichen
und deinem Traum: Ich will stets leben
ist fortan kein Raum mehr gegeben
- dass alles schreckt dich nicht? Du hast es seit langem geahnt?
Nun gut, so bist du ja seit deiner Jugend gewarnt
was dir aber nichts nutzt:
Am Ende wirst du mit Schrecken oder Stille weggeputzt
und als Erde auf der Erde verstreut
- na dann liebe mich jetzt, dass dich keine ungenutzte Zeit reut.

Sumpf

In den Tiefen des Darmes brummelt es dumpf:

Das Leben ist immer wieder wie ein Sumpf
denn es werden so manche üblen Dinge ausgespuckt
und dann von uns eingeatmet oder geschluckt
um nach einem kurzen Aufenthalt auf Erden
wieder Sand, Sumpf, Wasser und Wind zu werden.

Nicht an diesen Ort
Die Verwüstungen des Alterns schreiten fort
und weisen schon auf den düsteren Ort
an dem alles – meist zu früh - zu Ende geht
weil dort eine Verneinung und tiefste Stille weht
doch du willst nicht diesen Ort erreichen
nur: Du kannst rennen, fantasieren, schimpfen – aber nicht ausweichen.

Bettler und König
Wenn das Leben die Sinne nicht mehr belohnt
weil Erschöpfung und Enttäuschung Seele und Körper bewohnt
zieht es so manchen fort
- doch es gibt zumeist keinen wohnlicheren Ort
und so wird der Körper so lange bewohnt
wie es sich noch irgendwie mit all den Resten lohnt
bis man feststellt: Nun ist es wirklich zu wenig
denn zum Schluss wird ein jeder zum Bettler - auch jeder König.

Irgendwann
Der einzige Trost ist
wenn du mal tot bist
ist, dass man sich dann
darüber nicht mehr ärgern kann
wozu man zuvor aber noch reichlich Gelegenheit hat
wird man erst zusehends alt, schwach, krank und matt
- du meinst das wird bei dir nicht geschehen?
Ich sah schon so manche(n) Stolze(n) am Ende müde gehen.

Schein
Am Ende gehen wir nur noch fort
         mit einer dünnen Hoffnung: Wir kehren heim
und vielleicht gibt es ja irgendwo einen neuen Lebensort
         ist das auch nur einer dünnen Hoffnung Schein.

Vorrat

Das Alter kommt und die Jugend geht
was man spätestens ab 50 versteht
denn es zieht einen dann schon mal schwerer zu Boden
und Hoffnungen und Enttäuschungen werden endgültiger abgewogen
weshalb man zufrieden ist so lange noch ein Tag beginnt
und man noch ohne Panik sieht, wie der Vorrat verrinnt.

Gefräßig

Soweit der Blick auch reicht:
Die Zeit verrinnt und das Leben weicht
was besonders stört, wenn es das eigene ist
weil die Zeit einen nun mal unflätig schmatzend restlos frisst.

Nicht mehr viel sagen

An deinem Schluss kann ich dir nicht viel sagen
nur hoffen, du mögest dich nicht zu sehr plagen
denn für Hoffnungen ist nun nicht mehr die Zeit
und niemand ist für das Nichts nach dem Ende bereit
fällt die Seele beklommen mehr und mehr in ein Schweigen
denn sie sieht: Sie wird bald als Erde, Luft und Wasser durch die Ewigkeit treiben
wohl nichts mehr fühlen, machen oder sagen
und da ist nur der vergiftete Trost: Du musst dich dann nicht mehr plagen
- es sei denn, du hoffst, dass die liebenden Seelen alles überdauern
und nur die abgelegten Hüllen in der Herde verfallend kauern
was ich dir von Herzen wünsche als des Lebens letzte Süße
und wenn es so ist: Dann überbringe schon mal vorab meine Grüße.

Wiedersehen an einem himmlischen Ort

Am Ende ging ich dir voraus
ob ich dich nochmals fände? Oder war alles aus?
Doch nun bist du wieder bei mir - war es noch eine gute Reise?
Erfuhrst du noch manches Schöne und Weise?
Erlebtest du abermals wunderbar zart Vertrautes?
Fandst du noch manch Spannendes, Liebes und Weiches?
Und bist du nun bereit, dein Herz mit mir zeitlos zu teilen
und auf ewig mit mir zu verweilen?
Sollen sich unsere Hände wieder umeinander schließen

damit wir wie ein ewiger Strom mit den Sternen fließen?
Denn ich war zwar schon voraus gegangen, doch nie ganz fort
denn ich wartete auf dich an einem himmlischen Ort.

Stein
Zum Schluss werden wir alle gleich
waren wir zuvor auch Herr oder Sklave mit oder ohne eigenes Reich
doch alle Wege und Brücken werden brüchig und eingezwängt
zwischen den bröckelnden Mauern der Lebenszeit eingeengt
gehorchend den Befehlen der Vergänglichkeit
ohne einen Einspruch für eine neue und weitere Lebenszeit
und so sacken sie unaufhaltsam zusammen: Jede Festung und jeder Turm
und es erwarten dich im Erdreich noch Made und Wurm
womit von all den Träumen und Burgen zuletzt nur verbleibt: Ein Stein
mit einem Namen darauf – das ist dein verflossenes Sein.

Weiter
Wanderer, stehst du dereinst an des Todes Pforte so sei gewiss:
Die Erwartung ewigen Lebens ist vielleicht Beschiss
und zerreißt es die betrübte Seele auch noch so sehr:
Eine zweite Chance kommt vielleicht nimmer mehr
denn erst mal zu Erde wird alles Streben und Leben
fort gespült mit Wind und Regen
bis daraus wieder etwas Neues entsteht
was aber vielleicht nicht so aufrecht wie ein Mensch geht
- also wandere jetzt und bleibe nicht stehen
denn heute kannst du dich munter mit deinen Lieben drehen.

Versteckt
Ein Geschenk vor Jahren oder Monaten verpackt
- es ward ebenso nett gemacht wie gut versteckt -
war dann nicht mehr aufzufinden
und blieb zunächst verschwunden
also geriet mit den Jahren in Vergessenheit
wie eben manch anderes nett Erdachte mit der Zeit
dass einst mit Liebe und Mühe entstand
und dann im Zeiten-Strom vergessen versank
bis man es nach Jahren doch wieder entdeckte
und bemerkte: Schade, dass ich es damals versteckte
doch heute passt es nicht mehr - womit man es betrübt beiseitelegt

und melancholisch sinnend weiter geht
denn es sind die in der Jugend erdachten Visionen
die verborgen irgendwo in uns weiter wohnen
- doch sie noch mal erwecken und hervorkramen?
Das wird wohl albern wirken und das Herz kaum wärmen.

Letzte Kunde
Die Kunde
der letzten Stunde
ist
dass du demnächst nicht mehr bist
sterbend an der Zeit unheilbarer Wunde
doch hoffend, du stündest mit einem ewigen Leben im Bunde
und seist auf einem Weg in ein unvergängliches Licht
dass es dich nicht in einem Nichts zerbricht
nur weil die Erde deinen Körper frisst
- denn das wäre Mist
und keine tröstliche Kunde
zur letzten Stunde.

Unerquicklich
Unerquicklich ist der eigene Schluss
weil es dann heißt, dass man gehen muss
denn worüber man zuvor vielleicht noch schmerzlindernd witzelte
hinweg sah oder es wie eine Beklemmung im Hals weg hüstelte
weil es noch abstrakt war und fern
das hat man konkret und nah gar nicht gern
sehend, wie die Sense greifbar über einem schwebt
voller Gewissheit, dass man demnächst geht
denn dies steigert das Unerquickliche zum übelsten Überdruss
bis man sich resignierend loslässt: So sei denn endlich Schluss.

Alltäglicher Irrtum
Du hattest dich darauf verlassen:
Deine Lebensader ist noch nicht am verblassen
und du wirst morgen noch leben
also wird es weitere nette Momente geben
- und nun zittert dein Herzmuskel und die Sinne sind am flirren?
Es scheint bald aus zu sein? So kann man sich irren.

Abgrund

Lust will die Welt
weil diese sie in Bewegung hält
auf dass sie nicht dumpf und verloren zusammenfällt
sondern lächelnd, stolz oder röchelnd und protzend sich selbst gefällt
entlang an der Absturzkante der Zeit und Verlorenheit:
Und die ist immer da – und keiner ist für den Abgrund bereit.

Versteckt

Äußerliche Makellosigkeit ist kaum einem Menschen gegeben
spätestens sobald sich mal ein paar Jahre auf ihn legen
und Nasen wachsen, Bäuche sacken und Hautfurchen sich zeigen
während die Beweglichkeit und Seelen zunehmend unter Erschöpfung leiden
und man im Spiegel ein zerknittertes Wesen erblickt
von sich selber nur noch mäßig entzückt
ohne dass es zu ändern ist – weshalb es die meisten mit Würde tragen
denn man kann kaum etwas gegen das Wirken der Zeit sagen
auch wenn man manchmal nur gequält darüber lächeln kann
mit dem bitteren Trost: Man vergisst dies auch mal dann und wann
bis die Erde einen aufnimmt und bedeckt
also Freunde: Übt die Freude und haltet eure Altersdepression versteckt.

Wir

Was können wir uns geben?
Immer dies: Ein möglichst gutes Leben
mit geteilten Freuden und Sorgen
einem bewältigten Gestern und hoffnungsvollen Morgen
bis zu einem besonderen Wunsch am Schluss: „Mache es gut
ich gehe schon mal voraus in des Zeitenstromes unendlicher Flut
und verliere ich mich auch, verstreut und zerrieben
körperlich nichts behalten und geblieben
- so hoffe ich doch, dass wir uns zwischen Sternen und Wolken wiedersehen
um gemeinsam durch die Ewigkeit zu gehen“.

Um geschnippt

Da geht es hin, das Menschenkind
denn seine Tage kommen und gehen geschwind
während es groß wird und dann wieder ein wenig klein
so stabil wie ein kurz angestoßener Kreisel in seinem Sein
der sich erst rasant dreht und dann langsamer wird bis er kippt

und fällt, als habe ihn jemand um geschnippt.

Irrtum?
Das Alter schreibt scharfe Grenzen vor
spätestens dann, stehst du vor dem letzten Tor
und du weißt: Nun gibt es nichts mehr zu halten und zu teilen
denn es bleiben nur noch Momente um zu verweilen
doch du liebst bis zuletzt – und hoffst, es käme darauf an
weil es doch mit einem Nichts nicht weiter gehen kann
weshalb da auch eine Hoffnung ewiger Liebe in dir herum schwirrt
- und ich wünsche dir, dass sich dein Traum in dem Punkt nicht irrt.

Heute keine Audienz
Mag der Tod auch läuten:
        Audienz will ich ihm nicht geben
streift er auch ruhelos umher um Seelen zu häuten
        so soll er noch mal vorüber gehen
denn immer kommt dieser Streuner zu früh
        ist hungrig und nicht um Aufschub zu bitten
und was ich nach ihm noch fühl' und seh'
        ist wohl weniger, als was ich täglich habe erlitten
also halte ich aus und du mit mir an meiner Seite
        der Tag bringe nochmals ein neues Licht
denn auch bei aller Mühsal küsst uns des Lebens Größe – oder doch Weite
        die der schwarze Geselle am Ende zerbricht.

Nichts bleibt
Das von der eigenen Zeit
nichts bleibt
ist keine Neuigkeit
doch für jeden, den es trifft, von schmerzhafter Gewissheit
zumal wenn der Abschiedskummer zum Himmel schreit
und der Schmerz ungestüm beißt und auskeilt
denn kein Herz will als Sand, Erde, Wasser oder Luft enden
und sich von seinem Pulsieren abwenden
auch nicht von der erkämpften Geborgenheit
oder der mühsam bezwungenen Verlorenheit
nach all dem Stürmen der Lebenszeit
- und da sagst du: Nichts bleibt?

Altes Gemäuer
Du hältst dich noch für attraktiv, du altes Gemäuer?
Du preist dich so laut an, da wird von deinem Geschrei sogar eine Milch sauer?
Und dabei beklagst du die Dummheit der Welt? So sei doch mal still
und höre vor allem auf mit deinem ewig leiernden: Ich will, ich will
denn die Risse in deinem Gemäuer werden dadurch nicht mehr heilen
mag auch mancher Mann und manche Frau noch auf und über dich steigen
doch sieh es realistisch: Die Zeit hat noch nie jemanden vergessen
und zuletzt einen jeden einen Abhang runter poltern lassen
- wie, du willst ewig jung dastehen?
Das Gegenteil ist dir doch schon deutlich anzusehen.

Wieder eingesammelte Geschenke
Es geraten so manche Gedichte
        über die höheren Lebensjahre auf eine schiefe Bahn
denn das Kommende zeigt sich in einem zunehmend fahlen Lichte:
        Am besten, das wir haben, nagt unablässig der Zeit scharfer Zahn
womit man zunehmend erkennt
        was einen zunehmend bedrängt:
Dass die Zeit unerbittlich gebiert, verschluckt und trennt
        auch das, was sie einem heute noch an Gutem schenkt.

Klar
Unsere letzte Reise führt in die Erde
und somit zumindest sinnlich in eine Leere
- doch ist ein solcher Schluss der Sinne nicht vorzustellen
und so vermag das bekannte Ende keine Laune aufzuhellen
denn nur lebhafte Sinnlichkeit gibt einen Sinn
und die ist in der Erde vermutlich dahin
bis ein neues Leben daraus entsteht
und alsbald ebenso wieder geht
ohne Erinnerung was vorher war
wie ebenso das Leben ist – alles klar?

Schmetterlings-Flug
Ein kurzes Schnaufen der Ewigkeit
ist für den Menschen schon eine lange Zeit
und doch für den Himmel nur ein Atemzug
gerade genug Zeit für einen kurzen Schmetterlings-Flug
- und so fliege, du zerbrechliches Wesen

denn morgen heißt es vielleicht schon: Das ist es gewesen.

Was hat die Zeit gemacht?
So apart
wie zart
weich
und Blumen gleich
sie früher auch war: Nun wirkt sie alt
und scheinbar wie ein Stein so kalt
lustlos geschrumpft und verstaubt
ihre Kommentare aus Müdigkeit zusammengebraut
alle sinnlichen Gedanken ermattet weggepackt
des Körpers Freuden vergessen und verdeckt
eine wandelnde Säule mit der Inschrift: Es ward
als wäre sie schon auf dem Weg zum Grab
- und doch war sie einst so zart
lieblich, sinnlich und apart
- doch was haben die Jahre aus ihr gemacht?
Ein Sinnbild der Taubheit und Nacht.

Spielende
Mit gut eingeübtem Hoffen
hält man sich so manche Perspektive offen
was den Vorteil hat
dass man glaubt, das Leben setzte einen nicht so schnell ‚Schach matt‘
doch sind erst mal deine Dame vom Brett und der König in die Ecke getrieben
heißt es nur noch: Schnaufe noch mal kurz - mehr ist dir jetzt nicht mehr geblieben.

Truppe und Suppe
Du kennst uns noch von früher als muntere Truppe
doch nun versumpfen wir in einer zusehends zähen Suppe
denn die Zeit kippt täglich immer mehr Salz, Sand und Säure hinein
die Ablagerungen der Zeit versteifen uns vom Hals bis zum Bein
und so reißen wir jeden Tag ein Blatt vom Lebenskalender ab
und die Erwartungen und Möglichkeiten werden zusehends knapp
und so versumpfen wir in einer zunehmend versalzenen Suppe
- und die Witze werden immer zynischer und bemühter in der müden Truppe.

Entkommen

Alles was entsteht zerbricht
und auch du entkommst dem nicht
wie sehr du es auch hoffst und glaubst
weil du weißt, dass du den Regeln alles Lebendigen ihre Zwangsläufigkeit nicht raubst
und doch übst du dich bisweilen in des Glaubens reicher Fantasie und List
hoffend, dass du irgendwie zu Ewigem geboren bist
um dich mit göttlicher Hilfe in eine Unendlichkeit zu träumen
und dem Tod nicht schnöde dein ganzes Lebensfeld zu räumen
getreu dem Motto: Wenn der Glaube nichts ist kann der Verlust auch nicht größer sein
also glaube ich mal – wenn's nicht stimmt war es zumindest ein tröstlicher Schein
damit weniger grau den munteren Lebenslauf hemmt
und man etwas leichter durch seine Tage schlendert oder rennt
denn sollte es dann doch geschehen, dass man wie ein herabfallender Topf zerbricht
dann hatte man wenigstens zuvor in Gedanken ein wärmendes Licht.

Für diesen Fall

Auf die Welt kommt man meist mit schreiendem Protest
und es ist oft ein ebenso heftiger, doch stillerer, wenn man sie verlässt
denn anfangs presst es einen hinaus ins Licht
während man am Ende am Dunkel zerbricht
und alle Erinnerungen zu einem Lüftchen sich verwandeln
- mit wem könntest du dann noch dagegen verhandeln?
Also ist es gut sich für diesen Fall einen Gott zu erdenken
um das Geschick über das Ende hinaus günstig zu lenken
wobei es nett wäre, es würde eine göttlich gütige Kraft zuvor schon geben
damit nicht so viele elend und gebeugt durch das Leben gehen.

Euripides sinngemäß

Es schließt sich der Vorhang und betroffen
sehen wir: Da kommt nichts mehr - und alle Fragen bleiben offen
doch das macht nichts: Denn wer in seiner Sinnlichkeit zuvor keine Antwort fand
hatte – Theatervorhang auf oder zu - stets zu wenig, dass ihn hielt und verband.

Weiter

Leben heißt: Erleben
darum ist der Tod nie wirklich anzunehmen
und jeder der behauptet, dass er das Ende gelassen sieht

glaubt dies nur, weil er entweder hofft, dass es irgendwie weiter geht
oder er hat sich selber so eisern trainiert
dass er den Schmerz der Selbstaufgabe weniger spürt
damit die Seele nicht heraus schreit was sie bewegt:
Dass sie gerne weiter und weiter geht.

Der Schluss der Geschichte
Viele Stunden seines Lebens
sucht der Mensch sein Glück vergebens
und was er dann noch zuletzt findet unter einem Stein
sind die Würmer in ihm und sein abgenagtes Gebein
womit er hofft, dass wenigstens die Seele bei ihm bleibt
allein: Die Erde verschluckt vermutlich alles und schweigt
und nur die Knochen erinnern noch an eine Geschichte
einst inbrünstig gelebt - und nun zunichte.

Hinter der letzten Tür
Ein alter Mann (oder Frau), ein Grab und ein darauf abgelegter Brief:
Er hatte ihn gerade geschrieben, womit er sie wie gestern schon nochmals ins Leben rief
und mit den Worten entstand wieder ein lebendiger Bann
und er kam nochmals in ihren weichen Armen an
um mit ihr in einem Boot einen Fluss hinab zu treiben
und bis zum Morgen zusammen zu verweilen
mit ihren Berührungen so sanft wie Wellen
während sie ihren Lebenshunger aneinander stillen
- doch waren das jetzt nur noch Erinnerungen an ihre Liebe?
Trennte sie eine nie mehr zu überbrückende Ferne?
Oder erreichte er sich noch mit seinen Briefen
und hörte sie sein flüstern und rufen?
So schrieb und sprach er weiter mit ihr
- denn er wusste: Sie erwartet mich gleich hinter der letzten Tür.

Gehe vorüber
Tod, gehe vorüber und bleibe nicht stehen
denn deine Schwärze will ich noch nicht sehen
und deine Stille noch nicht hören
wie auch deine Kälte noch nicht spüren
und besonders deine kalten Finger nicht fühlen
nicht zwischen deinen Steinen abkühlen

denn nie ward einer für dich bereit
für deine unendliche Gleichgültigkeit
- also gehe vorbei und bleibe nicht stehen
denn du bist die Leere – dahin mag ich nicht gehen.

Trick
Übst du dich im Glauben daran
auf ein Leben auch noch dann
wenn du die Welt nicht mehr wie bisher siehst
weil du wieder als Erde und Wasser rieselst und fließt?
Na, dann hoffe ich der Glauben möge dir gut gelingen
um deine Nerven in eine ruhigere Schwingung zu bringen
- und wenn er sich zuletzt doch nicht erfüllt?
Dann wirst du eben wie eine Papierkugel zerknüllt
doch du merkst es nicht mehr – und dein Glaubenstrick hat dich getragen
zwar nicht ganz ehrlich – aber Zeit Lebens mit vielleicht weniger Verzagen.

Abstand
Du wirst alt
und nun ist dir ab und zu etwas kalt
also erinnerst du dich früherer Bekannten
oder an manchen etwas seltsamen Verwandten
vor Jahren aus den Augen verloren oder launisch aus deinem Leben vertrieben
denn du willst wissen: Was ist aus ihnen geworden und von ihnen geblieben?
Also suchst du in alten Adressen und Datenbanken, wo sie wohl sind
damit ein aufgewärmter Kontakt dir vielleicht etwas Wärme bringt
- doch nach einem oder mehreren Versuchen kommst du zu dem Schluss
dass ein näheres Wiedersehen doch nicht sein muss
denn es sind die Gleichen geblieben wie vor Jahren
und so ist es gut, für den Seelenfrieden weiterhin Abstand zu wahren.

Später
Sagen wir es knapp:
Keiner tritt gerne ab
denn jeder hält meist gerne an seinem Leben fest
so lange man davon noch etwas hat als brauchbaren Rest
auch wenn das Leben zunehmend den Händen entgleitet
und man schon mehr humpelt als schreitet
was einen aber immer noch hoffen lässt
dass die Erde heute noch nicht nach einem fasst.

Frage

Es ist ein rinnen und verströmen
sich trennen und versöhnen
sammeln und in Formen gießen
lieben oder erniedrigen und umeinander fließen
um zu sich oder auch anderen zu finden
während wir uns zu- und abwenden
um nicht erstarrend zu enden
bis zum letzten Tage
und der letzten Frage:
„Wie geht es weiter?
Kommt nun nur noch Staub oder eine Himmelsleiter?"
Wobei manche behaupten, dass sie schon ein Licht sahen
weil sie glauben, dass sie bereits an der letzten Pforte waren
wobei ein genauerer Blick auf die Schilderungen aber zeigt
dass davon kein beweiskräftiger Gedanke bleibt.

Erde, Sand und Steine

Einem großen Entschluss, mühsam errungen und lange gereift
geschieht es leicht, dass das Schicksal darüber gleichgültig pfeift
und sich an seinen eigenen Zufall hält
womit der schönste Plan verpufft und zerfällt
und das lässt einen Menschen zumeist erzürnt zurück
denn der zählt dann die Scherben vom erdachten Glück
und das Leben verläuft anders als in seinem schönen Plan
denn der endet zerkaut und verdaut in der Zeiten Darm
wie zum Beispiel auch die Idee von einem netten Gott
denn auch diese Idee erweist sich vielleicht als löchriger Pott
der nichts und niemand in sich behält
sobald am Ende nur Erde, Sand und Steine auf einen fällt.

Gut so

Das ist der Zeit Raub:
Alles wird zu Staub
verstreut im Weltraum
wie weg gepusteter Schaum
und es bleiben nicht mal Würmer
nur Gase, Dampf und Körner
- doch du lebst und träumst von einer Ewigkeit

und das ist gut so, denn die Seele springt gerne über die Grenzen der Zeit.

Üben
Der Schluss ist für alles Leben ein Hohn
- darum übe bei Zeiten ausgiebig den Umgang mit der Resignation
und wenn sie dich dann wie eine Lawine unter sich begräbt
dann hast du vielleicht genug mit Zynismus, Humor oder Frieden, dass es dich etwas
sanfter hinüberträgt.

Dumm gelaufen
Erst legt das Alter bei der Sexualität den Schalter um
und man wird ruhiger, stiller oder gar stumm
und dann zieht sie einem auch noch den Rücken krumm
und zeigt auf das Ende – so herzlos wie dumm
denn es ist eine Zukunft mit der Fliegen Gebrumm
um und in dir herum.

Gründlich
Wie auch immer man seinen Geburtstag so ab 50 Jahren besieht
man stellt fest: Die Zeit flieht
und Ende und Erde rücken zügig näher heran
was man zwar bemängeln, aber nicht ändern kann
denn wie man auch liebt, lacht, trauert oder schimpft
zuletzt wird man begraben, zerstreut und verdampft
zu Erde und Sand, Wasser und Wind
verstreut und verteilt – und das so gründlich wie geschwind.

Räuber
Der zügelloseste Räuber ist die Zeit
denn sogar der wunderbare Schwebezustand der Zärtlichkeit
wird immer wieder ein Raub der Endlichkeit
wohingegen dieser Räuber Kummer und Leid verschmäht
und ohne sie je mitzunehmen vorüber geht.

Schlussrechnung
Wird des Lebens letzte Rechnung präsentiert
kann es sein, dass die Seele dabei friert
denn ein mühsam vollgeschriebenes Blatt wird nun durchgestrichen:

Mit dem letzten Atemzug ist alles verblichen
und zurück bleibt nur noch eine Erinnerung
verbunden mit einer Wieder-Erd-Wendung
weil klein gedruckt ganz unten auf der Gesamtrechnung steht
was der Preis für ein Leben ist: Man vergeht.

Heute
Jahrzehnte träumte sie ihrer Jugend hinterher
doch die kam auch durch die Träume nicht mehr
denn sie waren abgefahren nach dem eiligen Fahrplan der Zeit:
Täglich wird die Schönheit runzeliger, faltiger und breit
und von überall klingt es: Du wirst nirgendwo mehr hinreisen
hier ist dein Tisch, dort dein Grab – aber heute darfst du noch mal den Augenblick
preisen.

Ungern
Du wirst alt?
        Doch das Leben ist zu schön um es zu verlieren?
Das dumpfe Ende kommt so sicher wie zu bald
        und dein Name wird nur noch einen Stein verzieren?
Also meinst du, der Schluss wäre übel und kalt?
        Ich fürchte du hast Recht und wirst am Ende frieren
denn ein Sturz in ein Nichts hat keinen Halt
        mögen wir auch noch so ungern fallen und verlieren.

Vergänglich
Einst war sie zart und ausgewogen
doch nun wirkt sie grob, scharf und verzogen
und ihr einst weicher und sanfter Mund
erscheint nun hart, verbittert und wund
und die Augen – sie waren einst Fenster zur Liebe und Zärtlichkeit -
doch nun starren sie nur noch auf verwaiste Erinnerungen und eine schrumpfende
Vergänglichkeit.

Bis …
Weil die Welt eine kräftige Lust will
bekommt sie auch Frust, Wut und Trauer und steht nie still
denn ruhelos treibt die Sinnlichkeit des Lebens Rad
bis es plötzlich platzt oder abgefahren ward

und in den Graben der Vergänglichkeit fällt
erst eingedellt und dann zerschellt.

Sinn
Am Ende bleibt dir als Rest
nur noch der Protest
gegen den Tod - leider ungehört
weil den kein Einspruch stört
womit es dich von der Erde wischt
ohne dass man dir einen Ersatz aufgetischt
denn erst mal zerlegt und zerrupft
hat dich die Zeit vom Lebensbaum gründlich abgezupft
und dir bleibt als weiterer Werdegang nur Erde, Wasser oder Rauch
und der Sinn? Der geht dann eben auch.

Nicht akzeptierbar
Das eine Seele mal ganz verschwindet sei kaum akzeptierbar?
Und doch ist diese Vermutung recht klar
denn schon nach einem kräftigen Suff
sind etliche Momente gänzlich weg wie mit einem „puff"
und wenn das Lebenslicht dann müde flackert und raucht
weil das Schicksal es zusehends aushaucht
naht die Gewissheit: Aus Knochen und Hirn werden Krümel und Erde
womit ein Leben in die dunkle Ewigkeit zurück kehre
wie sehr man auch lacht oder weint, sich krümmt und sehnt
und sein Hoffen eifrig über die letzte Schwelle hinaus dehnt
- also wird der Zweifel an Stärke gewinnen
dass wir in der gewohnten Hülle nicht noch mal von vorne beginnen
auch wenn wir das nie so recht akzeptieren
- denn sollten wir uns nicht liebend durch einen zeitlosen Raum führen?

Vati, genannt Ati, am Schluss
Ati: "Was soll ich tun?"
Ich: „Du kannst jetzt nur ruh`n".
Ati nach einer Pause: „Weiterleben"
"Ati, du kannst nur warten – mehr ist jetzt nicht gegeben"
      Ati: „Bin ich so krank?" "Was ist nur mit mir los"?
      Und: "Was tun wir jetzt"? Ich finde keine Worte, die Hände liegen im Schoß
      doch ein stilles Streicheln geht noch und ein Wort: "Trink noch einen
Schluck"

für einen ruhigen Atmen gegen die Schmerzen und den Druck
doch mehr als die wenigen Worte konnte ich ihm nicht mehr geben:
„Ich werde nachher mal nach Hause gehen"
so als würde nichts Besonderes geschehen
und so auf den Tod wartend habe ich ihn zuletzt gesehen
     wie er stets war: Ein "alter Kämpfer" – nur keine Niederlagen
     so hatte er gelebt und wollte auch jetzt kein Ende ertragen
     und schon gar nicht den Tod erwarten
i   irgendwie weiter wollte er - so schaute er in den letzten Tagen still in seinen
Garten.
Während er noch sagte: "Ich glaube, ich werde verrückt"
und ich verstand, dass sein Gehirn seltsame Fantasien erweckt
während die Seele in Panik Auswege sucht und rennt
doch der Körper ist nicht mehr gehorsam und ungelenk
     mit manch abgebrochenem Satz, als ob er den Faden verlor
     weil sich eine Vollendung nicht mehr lohnte während die Seele fror
     bis ich sagte: "Ati, ich gehe jetzt – schlafe gut"
     und 3 Stunden später kam sein Tod.

Rascheln und Flüstern
Die Erde gibt, die Erde nimmt
spuckt aus, verschluckt und gewinnt
einen jeden und jedes auf ihrem Erden-Reich
zuerst und zuletzt dem Staube gleich
womit auch die schönste Welt
nichts ewig bei sich behält
bis nur noch ein Rascheln davon erzählt
wie alles kam und kommt, geht und zerfällt.

Am Abend
Du legst deinen Tag und deine Arbeit beiseite
denn dich erwartet am Abend nur einer Müdigkeit Enge oder Weite
mit einer kleinen Vorahnung der Ohnmacht in und unter der Erde
und der vermutlich letzten unendlichen Leere
von der ein wenig die abendliche Erschöpfung kündet
als Vorgeschmack, wie der Lebensfluss einst mündet
- was aber nur eines lehrt:
Dieser natürliche Schluss ist gründlich verkehrt.

Warten

Weil die Zeit unablässig waltet
hier etwas nieder reißt und dort neugestaltet
pendelnd zwischen Geburt und Sterben
gibt es bisweilen was zu erben
doch weil die Zeit das unablässig tut
geht es auch all den beglückten Erben irgendwann nicht mehr gut
und ein Blick auf das eigene Ende zeigt dann klar:
Dies stellt sich früher oder später als betrüblich dar
womit die ganze Geschichte eine Lehre hat:
Genieße heute Liebe, Lust und Licht fleißig und satt
und warte nicht auf das Erben
denn das könnte dir die Tage verderben
zumal wenn sich die Zeit nach dem Erbfall als kurz erweist
weil man selbst nur allzu bald nach dem Erbfall ins Gras beißt.

Wissen

So lange man im Leben steht
spürt man kaum, wie es vergeht
nur das es sich wandelt – das ja
und dass man sich etwas ändert – na klar
doch wie es vergeht?
So richtig weiß man das erst wenn man am Ende steht
und sich niederlegt.

Eigentumswohnung in der Unendlichkeit

Manche glauben um dadurch zu investieren
      in eine persönliche Teilhabe an göttlicher Ewigkeit
damit ihre Seelen im Alltag nicht frieren
      so hocken sie da auf den Kirchenstühlen zu fast jeder Zeit
und pflegen ihre Egozentrik einen Gott für sich zu haben
      gleich einer Eigentumswohnung im Universum der Unendlichkeit
um die Ungewissheit ihrer flatternden Seelen zu laben
      denn da hält ja jemand hoffentlich ein ewiges Leben für sie bereit
was nur erfordert, dass man einen Glauben bekunde
      damit ein Gott einen am Ende auch sieht
auf dass es ein Herz nicht allzu sehr verwunde
      wenn der Körper am Ende schnöde in Erde übergeht
und zudem braucht jeder Tag ein kleines Theaterstück
      bei dem man selbst im Zentrum steht
damit für einen mit dem so eingebildeten Glück

der Tag nicht ohne eine Selbsterhöhung vorüber geht.

Ausgleichen

Was hat die Zeit aus uns gemacht?
Falten vertieft und Freude und Enttäuschungen gebracht
- und wenn es gut war der Liebe einen festen Platz beschert
Durchhaltevermögen, Mühe und Duldsamkeit gefordert und gewährt
um immer wieder zwischen Traum und Sein auszugleichen
und den tiefsten Fallgruben auszuweichen.

Nicht dafür

Wie man es auch dreht und wendet
jeder weiß, wie es endet
nach all den Begierden voll Lust
netten Berührungen und manchem Frust
denn für das Ende einer Lebenszeit
ist niemand – soweit es seine ist – bereit
so sehr man auch kämpft, hofft, verdrängt oder spricht:
Dafür ist man es nicht.

Rettungsboot

Übrig hat niemand ein Leben
darum sollte auch jeder das seine annehmen
und möchte man auch reicher und souveräner sein
klüger, schöner oder ewig leben – dies bleibt ein Traum allein
glaubend oder zweifelnd als Auffangnetz gesponnen
oder als Rettungsboot vor dem letzten Sturm ersonnen
damit es einen noch so lange hält
bis man laut oder leise versinkt oder fällt
- wobei so mancher sich zuvor tiefer Erschöpfung hingibt
damit er den Sturz weniger kommen sieht.

Frage nicht

Wenn dein Schiffchen noch nicht sinkt
und auch sonst kein kentern winkt
denn deines Lebens Karten sind noch nicht übel gezinkt
ist es möglich, dass dir der Tag und die Nacht nett gelingt
mit Liebe, Zärtlichkeit, Erfolg und gefülltem Magen
ohne schmerzhaft zu versagen und ohne dich zu sehr zu plagen

womit es gut ist, nicht zu sehr zu fragen wie das Ende ist
weil du mit diesem Kontrast bestimmt nicht zufrieden bist.

Erkenntnis

Mit den Jahren beherrscht man seine Emotionen
und weiß, welche tröstenden Strategien sich lohnen
um Angst und Wut in weiche Tücher zu hüllen
und manchen Kummer zu zerknüllen
- doch irgendwann forderte die Zeit ihren Tribut
und diese gewohnten Strategien funktionieren nicht mehr so gut
denn schwach und steif werden Rücken, Arm und Bein
und es kommt die Erkenntnis: Das Ende wird – trotz aller eingeübten Strategien –
gemein.

Drama

Ein Leben endet wie ein Drama: Nach vielen Jahren
mit Freuden, Schrecken, Angst und Plagen
wird man zuletzt um ein gutes Ende gebracht:
Beim letzten Atemzug hat noch keiner gelacht.

Rand

Ein Herz will ewig reisen
der Welt sich öffnen und beweisen
im Leben baden und den Tod überwinden
- das erste kann, doch das zweite wird kaum gelingen
denn nicht jedem Ende ist ein Neubeginn hinzuzufügen
und erst mal begraben wirst du dich nicht munter vergnügen
also willst du weiter fliegen bis in die Ewigkeit
doch ich fürchte, ein anderes Ende hält die Zeit bereit
sucht deine Seele auch noch so sehr nach einer sie rettenden Hand
doch du hast nur deine Liebe – und irgendwann stehst du liebend an einem letzten
Rand.

Nichts

Das Nichts lehrt nichts
hat nichts und wird nichts
und sind darum die Liebe und eine Lebenszeit zuletzt fast fort:
Worüber lohnt sich dann noch ein weiteres Wort?
Doch zu der Frage: Kommt vielleicht noch ein „träumendes Leben"?

Den Liebenden durch ihre Verbundenheit gegeben?

Selbstbetrachtung
Die Zeit
macht aus dir und mir einen alten Mann oder ein altes Weib
wobei uns dann hoffentlich nicht auch noch Erinnerungen quälen
die reichlich von Versagen, Irrtum, Schwäche und erlittenem Leid erzählen
- doch durch selektives Erinnern können wir die Vergangenheit ja gnädiger machen
auf das wir uns selber einigermaßen erträglich betrachten.

Rest
Fünf vor Zwölf?
Oder doch erst kurz nach Elf?
Doch da ist ein bohrendes Verlangen ohne netten Schlummer?
Denn die Seele schmerzt wie ein gebrochener Finger?
Etwa wegen einer ersehnten aber unerwiderten Liebe?
Einem ins Leere rauschenden Sturzbach der Triebe?
Einer versagten Hingabe und Vereinigung?
Einem Abschied oder einer Verweigerung?
Nein, das alles ist nicht die größte Not
im Vergleich zum letzten: Dem Tod
denn dann erst ist es kurz vor Zwölf
und weder rettet dann ein „bitte" oder „hilf"
was man dann vielleicht noch heraus presst:
Denn am Schluss bleibt nicht mal ein Rest.

Nicht rauben
Hast du schon ein Alter erreicht
bei dem jeder Tag einem Wettlauf nahe der Ziellinie gleicht?
Weil du fürchtest, du wirst den Lauf nur zu bald verlieren
weil alsbald nur noch Blumen dein kaltes Bett verzieren?
Hoffst du nicht, dass da noch einer sagt: „Komm – du hast dein Lebenswerk vollbracht?
Verweile nun sanft und geborgen in Ewigkeit – auch dafür ist das Leben gemacht!
Und nun ruhe aus und treibe ewig zärtlich durch die Zeit
du bist geliebt und behütet vor Schmerz und Leid."
Du liebst diese Vision und willst sie glauben?
Diese Hoffnung ist schön und nichts sollte sie dir rauben
denn die Wahrheit der irdischen Realität
ist dann so oder so nichts mehr, das zählt.

Wiedersehen – nach alledem
Hat man ein Leben gelebt
und wurde man in die Erde gelegt
so ist nach einem solchen Schluss
das Wie und Wann eines Wiedersehens nicht gewiss
- doch glaube ich dich wiederzusehen
wird dies auch in einer anderen Form geschehen
damit sich unsere Seelen wiederfinden
und sich erneut verbinden
so wie bisher und nach alledem
ewig zart und angenehm
- das sei naiv, verträumt und illusorisch?
Doch liebende Geborgenheit macht mich so euphorisch
dem Leben ein schnödes Ende abzusprechen:
Die Reise liebender Seelen sollte nie abbrechen.

Winde
Wo sind all die Seelen hin
        die sich mühten, lachten und stritten?
Wo sind all ihre sanften Berührungen hin
        dass die Herzen keine Schmerzen litten?
Die Zeit hat sie davongetragen
        und sie hinterlassen kaum eine Spur
wollten sie sich auch ewig lieben und gutes sagen
        es sind zuletzt flüchtige Seelen nur
- doch mögen sie sich in den Wolken wiedererkennen
        als Köpfe und Körper aus Dampf, die sich finden
und vielleicht können sie einander sogar still beim Namen nennen
        während sie sich dem Winden immer wieder verbinden.

Geschäftssinn
Geschäfte mit Gott um der eigenen Ewigkeit willen sind beliebt:
Weil man auf größten Profit nach dem Tode hofft – oder es zumindest keine
maximalen Verluste gibt
und zudem hat man einen Anlass sich zu treffen und zu reden
um sich durch Gottesnähe heraus zu heben - gehen auch alle Versprechen am Ende
daneben
was aber vor dem Tode nie restlos zu beweisen ist:
So nutzt mancher Mensch seine Verletzlichkeit, Eitelkeit oder List

indem er hofft, dass sein Ende nicht dass der Seele sei
- und wäre es eine Illusion, so wäre das auch einerlei -
und so wird ein Glaube leicht zu einem Gewinn
getragen von ausgeprägtem Geschäftssinn
wie man eine Option sich erhält
weil man auch nichts zusätzlich verliert, wenn sie zerfällt.

Bächlein
Starke Triebe, Liebe, Leidenschaft und Sucht
hast du dir immer sparsam und mit Bedacht zu Eigen gemacht
allein: Alsbald schwinden trotzdem die Kraft, Fantasie und das Licht
und auch mit weniger Erwartungen erkennst du: So wenig wollte ich nicht
also musst du irgendwann und irgendwie mit weniger in dir ankommen
denn der Bach des Lebens wird schmaler, auch wenn du sagst: „Noch ist nicht alles verronnen"
doch irgendwann wird dir nur noch ein Bächlein durch die Finger rinnen
und du hoffst, der Tag möge dich bis zum Abend bringen.

Pforte
Gegen das drohende Nichts nach dem Leben
möchte man sich gerne eine Alternative geben
in der sich die Lebenslust weiterhin spiegelt entfaltet
sind auch mit der abgelaufenen Lebenszeit alle sichtbaren Wege veraltet
denn natürlich soll es mit der Liebe und Zärtlichkeit weiter gehen
auch wenn zu viele Menschen davon im Leben zu wenig verstehen
und vielleicht so mancher von sich selber angeekelt oder enttäuscht
einer Projektion seines Lebens in die Zeit danach gedanklich ausweicht
- aber gibt es einen, der nicht doch auf einen ewigen Zyklus der Begegnung hofft?
Einen, dessen Seele nicht hoffend an eine zeitlose Pforte pocht?

Auf immer
Der Lebensrucksack wird zunehmend leer
was ich noch drin habe? Neues ist da kaum mehr
und so kann ich meinen Proviant leicht vor dir ausbreiten
die Zutaten sind übersichtlich, um daraus ein Liebesfest zu zubereiten
und das fällt nun eher einfach und doch intensiv aus
die Zeit treibt uns aus den Träumen hinaus
und so wird der Rucksack zwar nicht leichter, doch leer
zieht er auch an den Schultern manchmal immer noch ziemlich schwer
doch wir ahnen schon wie wir ihn einst ablegen

schmerzlich und doch gefasst – wenn auch ohne besonderen Segen
hoffend, wir werden uns wiederfinden
- unsere Seelen bleiben immer verbunden.

Gute Reise
Wer lächelnd versteht
wohin die Reise geht
hat irgendwann auch gelernt im Angesicht des Todes zu reisen
und vorher Leib und Sinne bis zur Erschöpfung zu preisen
- denn wenn nicht
war und ist es eine Reise mit zu wenig Lust und Licht.

Räuber
Der Tod ist der größte Räuber
       denn niemand bleibt wie und wo er war
und er ist der größte Betrüger
       denn er klaut auch dem Weisesten alles ganz und gar
und so werden wir aus Schmerz zum „Notwehr-Schummler"
       wenn wir für uns ein ewiges Leben erfinden
und erträumen uns ein Wiedersehen als „Ewigkeits-Bummler"
       um dem Räuber seine Beute zu entwinden
was wir mit Hoffen, Reden, Lieben und Singen versuchen
       während er unbeeindruckt im Dunkel verweilt
denn er weiß: Er wird uns als seine Beute verbuchen
       weil ihm – trotz all unserer Kunst - niemand enteilt.

Verbunden
Tapfer hatte er sich lange gegen den Tod gewehrt
doch der hatte sich nicht darum geschert
und ihm erst den Körper ausgelaugt und dann das Herz
am Ende lebte er nicht mehr aus Lust, sondern durch bekämpften Schmerz
und doch wurde ihm das Warten nicht zu lang
denn das wollte er erleben: Den Riss im letzten Strang
der ihn bis jetzt an das Leben band
auch wenn der sich immer enger um ihn wand.

Komposthaufen
Was von der z.B. lockenden Männlich- und Weiblichkeit
so ab 50 oder 60 Jahren noch übrigbleibt

ist meist in diese oder jene Richtung bemerkenswert
und so genieße man was noch da ist – weil es nichts nutzt, wenn man sich beschwert
denn im Herbst fallen irgendwann alle Blüten und Blätter auf einen Komposthaufen
und man selbst fällt mit – keiner kann daran vorbeilaufen.

Waal

Gestrandet wie ein Waal
liege ich auf dem Sofa schlaff und schal
nach einer langen Lebensreise angespült
- doch die Seele ist immer noch aufgewühlt -
und darum ist die schrumpfende Lebensspanne
absehbar des Lebens größte Panne
die sich leider irgendwann immer einstellt
spätestens, wenn man in die Grube fällt
- aber heute ruhe ich noch wie ein auf Wellen wartender Waal
sind auch die verbleibenden Jahre schon von sehr absehbarer Zahl
und schnaube und schnaufe bemüht, laut und vernehmlich:
Zuletzt wird es dämlich.

Pragmatisch

Was noch zu sagen ist:
Es ist gut, dass du da bist
- doch irgendwann gilt das nimmer mehr
und das voraus zu sehen drückt einen zunehmend schwer
denn eine Freude gibt es bei dieser Sicht
am Schluss (zumeist) nicht
also sollte man daran auch nicht weiterdenken:
Das Ende ist so oder so nicht umzulenken.

Leck

Einem Rausch folgt oft ein fader Nachgeschmack
denn er erfüllt nur kurz seinen entlastenden Zweck:
Ist das sanfte Schweben im Saft der Reben vorbei
ist auch der schöne süffige Fluchtplan entzwei
und es geht weiter wie vorher
nun aber vielleicht noch müder und leer
mit einem anhaltenden Nachgeschmack:
Das Leben hat ein ärgerliches Leck
so wie es zu schnell verrinnt und stets verrann
seit man seine Eile zu bemerken begann

- und so schaust du vor und zurück
auf deines Lebensweg verbliebenes kürzeres Stück
denn vieles ist vorgegeben oder unabänderlich wie deine Haut
hast du auch deine Tage immer wieder mit neuer Energie aufgebaut
und nimmst noch einen weiteren Schluck gegen den lästigen Nachgeschmack:
Der Genuss stopft zumindest kurz das Leck.

Verbuddelt
Alt und die Haare weiß
so wird es dünn: Das dich tragende Eis
und mit ihm die Perspektiven und Möglichkeiten
- auf das Alter kann man sich nur durch resignatives Erdulden vorbereiten
besonders auf das letzte Ereignis, das keine große Vorkehrung braucht:
Man wird verbuddelt oder man verraucht.

Ansprache von Gevatter Tod
„Mache jetzt bitte kein Geplärr"
sprach der Sense tragende schwarze Herr
„denn vorbei ist vorbei
was auch immer dein Wunsch noch sei
und daran wird kein Jammern etwas ändern
mag der Kummer deine Augen auch rändern
also schließe nun Mund und Augen
so kannst du noch mal an das ewige Leben glauben
falls mich ein Gott schickt - hoffe also bis es dunkel wird
du hast ja meinen Auftraggeber sowieso nie gesehen – nur aus Erzählungen gehört
doch die gaben dir vielleicht etwas Hoffnung und Halt
so glaube nun auch, es sei kein wirklicher Abschied, nur ein `bis bald`
- und sollte sich das irgendwie tatsächlich so ergeben
so kannst du ja immer noch einem Gott oder Universum Dank sagen
aber nun komme erst mal mit – bitte ohne Geplärr"
und damit packte der Tod zu: „Im Moment bin ich dein Herr."

Perspektive
Die Alten
werfen Falten
und wandern zunehmend Schatten
des Lebens, das sie mal hatten
doch die Jungen
vertrauen auf ihre sprudelnden Brunnen

erfüllt von den Momenten schöner Sinnlichkeit
weit weg von den Toren der Vergänglichkeit
denn noch ist es nur ein abstraktes Wissen:
Wie sehr kann man ein fast abgelaufenes Leben vermissen.

Versäumt

Wenn du immer älter wirst – und es dann bist
merkst du: Der Zahn der Zeit - der knabbert nicht: der frisst
und er reißt Stücke aus deiner Kraft und Erinnerung
doch im Herzen bist du immer noch jung
und wie du auch protestierst: Deiner Hülle kannst du nicht entweichen
also wird sich die Jugend ziemlich schnöde von dannen schleichen
auch wenn so manche/r mit dem Sprung des Glaubens vielleicht von einer Ewigkeit träumt
damit er nicht schon auf Erden durch Trübsal Freuden versäumt.

Graben

Weil die Welt Lust braucht und will
bekommt sie Lachen und Leid und steht nie still
unablässig weiter in der Sinnlichkeit Lebensrad
bis es zunehmend rumpelt und abgenutzt ward
und man schmerzlich in den Graben der Vergänglichkeit kippt
zur Erde zurück geschnippt.

Das Wesentlichste

Sinnlichkeit und Geld
ist das was ein Leben zusammen hält
- bevor man fällt
übel eingedellt
in eine Grube
mit dem letztem Schube
und bemerkt oder voraussieht:
Das ist nicht gut was nun geschieht.

Erkenntnis

Nahezu zwangsläufig ist der Glaube
dass uns der Tod nicht alles raube
denn das Leben ist pure Sinnlichkeit
ohne die Erfahrung völliger Dunkelheit

und was man nicht spüren oder sich vorstellen kann ist nicht existent
denn ein Nichts ist nichts dass man jemals erkennt.

Unsere Heimat
Geliebte, wir werden bis zum Schluss wissen, was Jugend war und ist
denn wir werden bis zuletzt erleben, wie Zärtlichkeit uns atmen lässt
auch wenn wir täglich etwas aufgeben müssen und doch hoffen und lieben
um getrennt und doch ineinander zu bleiben
so werden wir nur von außen alt
denn wir sind einander eine zeitlose Heimat und ein Halt.

Welt
Die Welt
die uns hält
tut es vielleicht nur noch heute
denn die Vergänglichkeit ist eine jagende Meute
die das Neue sucht und das Alte verneint
womit sie uns rastlos aus dem Garten des Lebens und Liebens vertreibt
mit nichts vergleichbar oder zu ermessen:
Wieder als Erde verstreut zu sein - und irgendwann vergessen.

Nebel
Der eine kommt, der andere geht
was zwar der Kopf, aber das Herz nicht versteht
denn was heute hier ist, ist morgen auf immer fort
und findet vielleicht nie mehr eine Zeit und einen Ort
und oft hat man ein Leben lang Luft gefangen und Wasser gesiebt
mit Sand gebaut und träumend geliebt
sich selbst gesucht und Lust gefunden
und doch manche Schmerzen nie verwunden
dazu Welten erdacht oder war wie gelärmt
hat harsche Ablehnung erfahren oder sich überraschend zärtlich gewärmt
während einer kommt und eine geht
was nur der Kopf, aber kein Herz versteht
hoffend auf ein Funken für ein zweites oder ewiges Leben
- und sei es auch nur als wolkiger Gedankennebel weiter zu schweben.

Wie weit noch?
Ab- und durchgeritten

hast du Erschöpfung und Niederlagen erlitten
und fühlst dich auf Müdigkeit und Abschieden gebettet
nur mit zynischen Kommentaren notdürftig gerettet
und hast kaum noch etwas von den einst schönen Versprechen:
Es sieht so aus, als ist sie nun da: die Zeit der Gebrechen
doch du wirst dem Abendrot noch lange entgegensehen?
Gewiss, denn es bleibt spannend bis zuletzt: Wie wird es noch weiter gehen?

Von der Seele putzen
Ein Mensch, an Niederlagen gewöhnt
hat sich zum Schluss fast noch mit seinem Ende versöhnt
doch dann hat er mit Trotz noch mal - kaum hörbar - bemerkt:
„Eigentlich ist dieser Schluss total verkehrt"
weil es doch interessant war zu lieben und zu leben
und darum ist es miese, dies alles nun aufzugeben
weswegen so mancher schon mal einen Glauben benutzt
dass er mit einer Hoffnung diese Beklemmung von der Seele putzt.

Schweigen
Es ist die Eigenart von Jahren
dass man feststellt: Sie waren
womit eine Liege in der Gruft näher rückt
was einen zumeist gar nicht entzückt
denn all die süßen Stücke vom Lebenstraum
zerbröseln nun wie altes Brot in Zeit und Raum
bis nur noch ein schmerzlicher Abschiedsmoment bleibt
über den man in sich schreit – oder äußerlich widerwillig schweigt.

Jäger
Der Tod ist ein Jäger
gefräßig und doch mager
und dazu von tödlicher Ausdauer und List
weil er niemanden übersieht oder vergisst
wobei er nie jubiliert und nur schweigt
und stumm mit jedem erlegten Leben enteilt.

Dunkle Zeiten
Wie es endet
sich abwendet

vergeht
weil sich Mattheit auf die Seele legt
lehrt der Schluss: Es ist ausweglos
denn er liegt nun mal in der Erde kaltem Schoß
wie du dich auch wehrst oder nicht:
Unter der Erde ist sicher kein Licht.

Nicht verziert
Geliebt, gelacht - und doch leise
wird man zunehmend alt und dann zum Greise
und was einst so wichtig ward gewesen
kann man nun in alten Briefen lesen
wie man damals zum Beispiel recht gut gebaut
sich gebärdete – vielleicht eine Spur zu laut
doch machte die Zeit auch davor nicht halt
und der Spiegel zeigt nun: Man wurde faltig und alt
was man mit etwas Trauer kommentiert:
Die Zeit hat uns gezeichnet, aber nicht verziert.

Verbindung?
Was legst du alles beiseite
am Ende der Lebensreise?
Wirst du sagen: Es ist überstanden?
Bin ich weniger gefangen?
Dürfen unsere Seelen mit den Winden fliegen?
Sanft bei- und ineinander liegen?
Um sich wie Wassertropfen zu verbinden
und eine wundersame Gemeinsamkeit zu finden?

Wehrlos
Weil die Zeit keinen hält
geschieht es, dass jeder am Schluss niederfällt
und windet und redet er davor auch noch so viel herum
so muss sich doch jeder irgendwann aufgeben – wehrlos und stumm.

Band
Das Alter balanciert über der Einsamkeit
der Erde und Verlorenheit
mit einem dir zurufenden Verblassen

Verlieren und Verlassen
zwischen immer brüchigeren Wänden
mit schwächeren Händen
auch jenen, die uns halten und mit uns gehen
hoffend, dass wir einander immer stets wiedersehen
wie eine nie endende Spur im Sand
hoffend auf ein ewiges Lebensband.

Hände

Es kommt der Moment, wo alles stille steht
weil man leider aus dieser Welt hinaus geht
- so liegst du ahnungsvoll auf deinem Bett und blickst auf deine Hände
dann zur Decke oder auf deines Zimmers weiße Wände
und weißt, dass alle Antwort die eine Hand gibt, die jetzt die deine liebend hält:
Mehr Halteseile und Haltestellen gibt es nicht in dieser Welt.

Gelassen

Mancher Traum der real geworden
ist mit der Realität alsbald verstorben
und ist fortan nicht mehr lebhaft und gut
untergraben von des Alltags gründlichem Pflug
- und die Träume? Die hat es zerkrümelt und umgedreht
dass man kaum noch etwas von ihnen sieht
und so hält man zunehmend an einer traumlosen Stille fest
die einen – vielleicht sanfter oder trotziger – gelassen etwas ruhiger leben lässt.

Wieder

Wenn man rückblickend auf sein Leben sieht
bevor man notgedrungen widerwillig geht
legt man sich vielleicht mit dem Gedanken nieder:
Es wäre schön ich komme wieder
doch so mühsam wie bisher auf Erden
muss es ja vielleicht nicht nochmal werden.

Tor

Wie kannst du nur so ruhig verweilen
wenn Alter und Ermattung deine Pläne zerteilen?
Wenn so viele Ziele vergrauen und verschleißen
aus leiern, krumm und müde werden und zerreißen?

Doch du hast dich „einfach" entschlossen im Herzen jung zu bleiben
und deine Pläne und Zeit in immer kleinere handhabbare Teile einzuteilen
denn dann wird das Ende zu einem Einschnitt fast wie so mancher zuvor
und du schließt zuletzt nur leise dein Tor.

Aus

Die Made, am Ende des Apfels angekommen
hatte in ihrer Gefräßigkeit an Gewicht gut zugenommen
und das Gehäuse durchquert und das Fruchtfleisch durchgekaut
dabei das saftige Obst verschlungen und verdaut
und nett gelebt, gekrabbelt und geröpst
sich gewunden und gedöst
- doch nun schaute die Made heraus
und sah mit Graus: Jetzt ist der Spaß aus.

Gleichgewicht

Es ist wie ein Abend vor 30 Jahren
als die Abendstunden noch voller Hoffnungen waren
und sogar die Musik im Radio von Weite und Liebe erzählte
weil sich das Herz erwartungsvoll schöne Welten erwählte
und die Seele auf einer Schaukel freudig wippte
dabei so manche Melancholie beiseite schnippte
denn man wollte die Welt umarmen
und sie sollte einen weit und hochtragen
- doch nun sind 30, 40 oder gar 50 Jahre vergangen
und mache Ankunft hat man den Tagen abgerungen
aber die Träume? Es gibt sie noch
jedoch schweben sie nun über einem tiefen Loch
und doch kehre ich an den Ausgangspunkt immer wieder zurück
fühle mich wie mit 30, 40 oder 50 Jahren in Erwartung von mehr Glück
denn ich bin immer noch der/die Gleiche, nun aber mit zerfurchtem Gesicht
doch die Seele sucht immer noch ihren Rhythmus und ihr Gleichgewicht.

Schluss-Szene

Kalt und dumpf
haut es einen jeden irgendwann in einen Sumpf
und man sieht nur noch eine Hand, die sich daraus erhebt
bis auch die zuletzt versinkt und vergeht
vielleicht noch mit ein paar sprudelnden Erinnerungsblasen
- doch auch darüber wächst bald Rasen

mit einem Namens-Stein darauf, schwer und stumm
und auch der fällt alsbald um.

Ach ja

„Ach ja" murmelte er/sie immer öfter mit den Jahren
weil da immer wieder Unglück, Leid und mehr Leibesfülle waren
und ein „ach ja", weil man etwas liebte und doch nicht bekam
und sich wieder mal jemand „daneben" benahm
wie auch ein „ach ja", wenn sich zwei nicht mehr mochten
und die Herzen nun schmerzlich getrennt alarmiert pochten
als auch ein „ach ja", wenn vom Erträumten nur Erschöpfung blieb
und sich die Seele matt und verloren an ihrem Kummer rieb
bis zu einem „ach ja", als sie/er das Nahen der letzten Momente spürte
und mit einem „ach ja" hoffte, dass es die Seele vielleicht in eine neue Welt
hineinführte.

Klopfen an der Tür

60 Jahre - was ich spüre?
Das Alter klopft an die Türe
und das ist kein vorsichtiges pochen mehr
sondern klingt eher wie ein hämmern, dumpf und schwer
auch wenn ich rufe: Vergänglichkeit, gehe woanders hin
hoffend, dass sie glaubt, dass ich nicht zu Hause bin
doch all das ist ohne Zweck
denn alle erdachten Jungbrunnen haben ein Leck
und so nimmt man es wahr mit beherrschtem Schreck:
Vor diesem Klopfen findet man kein Versteck
allenfalls für Momente mit einem Liebesfest
- was die Vergänglichkeit uns bis zum Schluss feiern lässt.

Fangnetz

Mal wie im Sturm, mal wie ein Schmetterling
fliegt die Zeit dahin
und wir laufen ihren Fangnetzen immer etwas voraus
denn sonst ist es mit dem netten Dasein bald aus
und wir bleiben an immer zäheren Fäden hängen
erschöpft eingefangen.

Drama

Die Seele bleibt jung, doch der Körper wird alt
also will das Herz immer weiter – so kommt das körperliche Ende immer zu bald.

Perspektive

Das ist die Perspektive und zugleich die Not:
Ein paar nette Abwechslungen, ein lieber Partner, Kinder – und dann kommt auch
schon der Tod.

Zeit

Du meinst, du hast Zeit?
Das Alter sei erträglich, nur der Körper werde langsam matt und breit?
Doch die Jugend sei dennoch in deinem Herzen?
Und es gäbe genug Mittelchen gegen Schmerzen?
Vielleicht hast du ja damit Recht
aber das nahende Ende behandelt dich zunehmend schlecht
und so wird es Zeit, sich mit kräftesparenden Freuden zu befassen
und von erschöpfenden Abenteuern die Finger zu lassen
weshalb du nun besser die Abenteuer im Kopf und Herz erbaust
und weniger auf das Körperliche schaust.

Zum Schluss

Du willst dich mit Ruhm, Macht und Ansehen verzieren?
Darauf bist du mächtig stolz – und wirst doch alles verlieren
spätestens mit dem letzten Atemzug
und nach manch hübschem Selbstbetrug.

Wie gewohnt

Der Tod ist ein garstiger Geselle
denn leider ist er stets zu früh zur Stelle
steht allzu schnell neben einem und holt einen ab
- macht der Bursche denn niemals schlapp?
Fällt der denn nie erschöpft ins Gras oder Grabe?
Wird er denn nie selbst mal zum Futter für Made und Schabe?
Wohl nie, denn er war und wird niemals nett oder satt
und zwingt uns in die Kiste, frisch gekleidet und adrett
was allerdings dann auch nichts und niemandem mehr viel nutzt
denn man wird nur noch von den kleinen Tierchen in der Erde verputzt
und zuletzt mit Erde, Luft und Wasser verbunden

ohne Perspektive, nochmals wie gewohnt zueinander zu finden.

Bach
Wenn deine Laune sinkt
weil dir dein Ende stinkt
dann helfen Liebe, Wein, Musik oder sich unter der Dusche zu brausen
um zu ertragen, wie die Schicksale und Minuten dahin sausen
gleich einem Bach, der sich in einem immer engeren Lauf windet
- bis er irgendwo versickert und verschwindet.

Zeitfluss
Aus des Alters Schatten schmerzlich und schwer
erhebt sich mit den Jahren deine Kraft nicht mehr
formen auch deine Wünsche noch immer eigene und ewige Welten
so wird das deiner Seele jedoch zu keinem jungen Leben mehr verhelfen
denn siehe nur, wie deine Insel von der Zeit umbrandet langsam schrumpft
und wie dich deine Füße nicht mehr sicher halten und die Hoffnung abstumpft
und wie du mit geübter Routine die kleinen Freuden eines kurzen Friedens findest
damit du dich nochmals mit Licht, Luft, Duft und Berührungen verbindest
- und es kommt der Moment wo dein letzter Sturz beginnt
bis dich das ewige Dunkel wieder aufnimmt
wie der Ozean einen Wassertropfen:
Der Zeit Fluss ist mit keiner Vision zu stoppen.

Noch findet er uns nicht
Mag der Tod auch stetig sein Glöckchen läuten:
 Audienz wird ihm hier und heute noch nicht gegeben
und ist er auch schon seit Jahren dabei deine und meine Seele zu häuten
 er soll warten, denn ich meine, es ist noch nicht die Zeit zu gehen
und sowieso kommt dieser Wanderer stets zu früh
 denn er ist nicht um Aufschub zu bitten
und was ich nach ihm noch fühl' und seh'
 ist vermutlich noch weniger als das was man zuvor hat erlitten
also halte mit mir aus an meiner Seite
 denn der neue Tag bringt neben Kälte auch Wärme, neben Schatten auch
Licht
und bei aller Mühsal spüren wir immer wieder auch eine sanfte Weite
 und so lange finde uns bitte der schwarze Geselle nicht.

Reise

Des Lebens Weg und Spanne
endet stets mit einer heillosen Panne:
Der Motor ermüdet und die Reifen schlappt
Scheiben und Stoßdämpfer rissig und matt
der Wille stark, doch blockierend das Getriebe
und aus jedem Spurt wurde ein mühsames Geschiebe
denn die Bremsen braucht es kaum mehr
der Motor dreht schon oft schwach oder leer
während man zunehmend Zeit in Reparaturbetrieben verbringt
die mehr oder weniger höflich um Besserung bemüht sind
bis man es sieht so schmerzlich wie klar:
Dass dies schon die ganze Reise war.

Und dann

Dem einen entgleitet zu schnell die Zeit
einem anderen füllt sie sich nur zäh mit Last und Leid
doch die meisten finden dazwischen einen beruhigenden Tritt
einigermaßen zufrieden bis zum schmerzlichen letzten Schritt
selbst wenn manche/r hofft, dass der Himmel einen erhört
weil die erlebte Sinnlichkeit doch am besten weiterhin nett betört
und ein Lebender niemals mit dem Gefühl ganz verstehen kann:
Wie fühlt sich das Nichts an – was kommt dann?

Verwandlung

Du wirst dich einst verbinden
mit Erde und Wasser - und damit dein Ich entschwinden
um als Wassertropfen und Sandkörner weiter zu rinnen
denn gewiss ist: Du musst im ewigen Wandel andere Formen finden
morgen vielleicht als Baum und übermorgen als Insekt
dann wieder als höheres Tier oder gar als Mensch direkt
oder als ein Fels oder Kiesel in der Ewigkeit
während die Seele vielleicht im Sternenlicht weiter treibt
die Liebenden einander verbunden nur in anderer „Gestalt"
nun ewig und somit in gewisser Weise nie alt
wenn auch in keinem Körper mit den gewohnten Trieben und Sinnen
- doch kein Bitten wird je bestimmen, wohin diese Verwandlungen uns bringen.

Dumm

Wie dumm:

Schnell ist ein Leben um
buckelst du dich auch krumm
und nutzt die guten Momente mit wohligem Gebrumme
doch schon um die Lebensmitte herum
wird manches stiller bis stumm
denn ob mit oder ohne Geschrei oder Gebrumm
geht es dem Schluss entgegen – wie dumm.

Laubblatt
Wenn die Alten für jeden Kontakt dankbar sind
weil sich kaum noch eine andere dauerhafte Gemeinschaft find'
und zu viele Körner der Sanduhr schon unten liegen
die Tage zu schnell und doch immer gleich verfliegen
während die Seele schon lange auf den Zeitpunkt lauscht
an dem alles verstummt, zerbricht und verraucht
weil die Kraft des Körpers Tag für Tag flieht
und die Schwerkraft einen fast zu Boden zieht
während die Hoffnungen schwinden im erschöpften Leib
hadernd oder verfliegend auf dem Weg in die Vergänglichkeit
- dann hoffe ich, dass dich noch jemand in den Armen hält
damit deine Seele wie ein Laubblatt fliegt – und nicht fällt.

Einerlei
Unaufhaltsam schreiten die Verwüstungen des Alters fort
und das Leben wird kleiner und ein zunehmend mühsamer Ort
denn die Segeljachten der Jugend haben schon lange abgelegt
ein ständiger Wind hat ihre schönen Schemen Jahr für Jahr weiter fortgefegt
also sitzt du am Strand und schaust weit über das Meer
mit all deiner gealterten Sinnlichkeit – und fühlst dich zunehmend schwer
ziehen auch in deinen Träumen immer noch Jachten über die See
schön und berauschend – doch dir tun die Glieder nun weh
und so versuchst du dich zu trösten: In deinen Fantasien bist du noch frei
und das eigene Alter ist einerlei.

Vorübergehend
Ein Mensch hat keine Panik vor seinem Ende?
Weil ihn sonst heute schon der Wahnsinn fände?
Also träumt er sich unvergänglich und panzert so sein Herz
vertreibt auch mal mit einem errungenen Lächeln den Schmerz
und übt sich in einem entspannten seelischen Schweben

um sich die Sanftheit eines vielleicht ewiges Lebens zu geben
bis er mit stummem Zweifel oder Entsetzen sieht:
Nun ist es soweit und fortan zu späht
- doch bis dahin hat er träumend schlau gelebt
als komme da noch eine andere Welt die ihm offensteht
und der Tod habe nur klappernd mit einem Säbel gerasselt
und einem so allenfalls die Stimmung vorübergehend vermasselt.

Trotzige Sturheit
Wie sich das Leben abwendet
weil es immer drängender flüstert: „Es endet"
und wie es vorbei und vorüber geht
und Mattheit über den Körper legt
hörst du es raunen: „Wehre dich nicht
schwächer wird das Licht
denn es ist zweck- und ausweglos
zuletzt kommt immer der Erde dunkler Schoß."
Doch du möchtest in trotziger Sturheit den Moment nicht sehen
denn es sollte einen gnädigen und allmächtigen Gott geben
der diese Niederlage abwendet
dass alles Erlebte in der Erde endet
- und so ist eine Gotteshoffnung für manche ein guter Weg
dass man nicht geschundener Seele dem letzten Moment entgegen geht.

Wie ein Aktienkauf
Wo nichts mehr kommt muss man sich nach einer neuen Welt umsehen
um nicht trostlos unterzugehen
also ist es nett sich für die Zeit nach dem Leben
mit Fantasie einen Traum von einem kommenden Paradies zu geben
was zudem schon zuvor die irdisch schnöden Tage träumend verziert
weil es einen selbst als etwas ganz Besonderes kürt
oder um nicht bekümmert in sich zusammenzubrechen
ausgebrannt und in sich verkrochen
- also bastelt so manche/e an Illusionen über ein ewiges Leben
um über jedes irdische Ende hinaus zu gehen
zumal dass der Lebensfreude oder Eitelkeit gut gefällt
und erträglicher macht, dass es einen irgendwann nichts mehr auf Erden hält
und zudem ist so ein Traum preiswert auszugestalten
denn derartige Gottes-Aktien sind durch Fantasie kostenlos in Händen zu halten.

Versöhnt
Rastlos rinnt die Zeit
     und nie hörte ich jemand sagen: „Ich konnte – wenn es gut war - genug
leben"
und so spürte ich viel hoffen, träumen und verdrängen gegen des Abschieds Leid
     um sich notdürftig mit dem Schluss zu versöhnen.

Wem sonst?
Tod? Unsere Verbundenheit wird weiterleben
ist der Zweisamkeit auch kein irdischer Körper mehr gegeben
denn so wie wir uns lieben können wir uns gar nicht verlieren:
Wem sonst könnten wir gehören?

Kleinere Stücke
Wie kannst du nur so ruhig verweilen
wenn Alter und Ermüdung deine Pläne zerteilen?
Wenn Tage wie eine Zeitung von gestern sind: Alt und zerschlissen
ausgelesen, abgelaufen, beiseitegelegt und weggeschmissen?
Ganz einfach: Du wirst unbeirrt weiter eilen
und die Ziele in kleinere Stücke teilen
selbst dann, reichen die auch nur noch für den nächsten Augenblick
und für einen Blick zurück.

Weiter
Die Zeit
macht aus dir einen alten Mann oder ein altes Weib
und als Trost bleibt dir nur zu sagen
welche Erlebnisse in und hinter dir lagen
doch ich hoffe du hast einiges zu erzählen
und dass die Erinnerungen dich nicht quälen
wenn der Weg schon Großteils abgeschritten ist
und du immer noch nicht in deiner Heimat angekommen bist
weshalb du weiterziehen willst
- auch wenn du morgen schon vielleicht fällst.

Still
Hoffen und bangen
suchen und verlangen
sich finden und erfüllen

Sehnsüchte beleben und stillen
neue Wege gehen und auch wieder verlieren
verwerfen oder verzieren
stets einem Anfang und Ende entgegen
so willst und musst du dich bewegen
um dich zu öffnen und zu erfassen
zu lösen und auch loslassen
- so dreht sich das Karussell
mal langsam und mal schnell
bis es zuletzt fast gänzlich steht
und man noch kurz stillsitzt und dann geht
ohne zu reden oder zu fragen:
Zu der letzten Zukunft ist nichts zu sagen.

Lebensrucksack

Der Lebensrucksack wird zunehmend leer – aber nicht leicht
du fragst was ich noch drin habe? Neues ist da kaum mehr – doch er reicht
denn schau her: Den verbliebenen Proviant habe ich hier ausgebreitet
also wird nun jede Mahlzeit aus den bekannten Zutaten zubereitet
und manche fällt auch schon kürzer und karger aus
denn die schrumpfende Kraft und Zeit treibt uns aus den Gärten der Träume hinaus
von denen wir glaubten, sie würden ewig bleiben oder kommen
was ein Irrtum war – mit der Zeit sind sie alle still verronnen
und so wird der Rucksack zusehends dünner und leer
doch er zieht an den Schultern immer noch schwer
während wir ahnen wie und wo wir ihn ablegen
vielleicht stumm, vielleicht bitter, vielleicht mit einer Liebe Segen
doch so oder so werden wir im Abschied fast zerrissen
- der Schluss ist mit nichts zuvor Erlebtem zu ermessen.

Angekommen

Angekommen an der letzten Weges-Wende
erwartet uns kein nettes Ende
denn statt einer himmlischen Einkehr
wird es wohl eher ein Sturz ins Dunkel – so hart wie schwer
und als Krümel und Wasser in der Erde
verdampft manch nette Hoffnung in der Atmosphäre
- und doch halte ich daran fest: Ich werde mit und in dir landen
denn liebende Seelen können nicht als Staub und Erde stranden
- wobei es denen, die als einst Grobe und Gemeine nun in der Erde liegen
recht geschieht, wenn sie als Regentropfen und Staub in der Erde versiegen.

Im Strom der Zeit

Kein Mensch hat sich je vor der Zeit versteckt
jeden hat sie bisher noch sich mitgerissen und entdeckt
herumgeschleudert, eingequetscht und Falten in den Körper gegraben
zum Zeichen, das es auch seine Zeiten sind und waren
und ihm dabei Fesseln genommen und andere gegeben
- diese Stricke sind nur in Liebesmomenten abzulegen -
doch verlorene Momente hat sie nie verziehen
denn knapp hat sie uns ihren Atem geliehen
und dem kleinen Vorrat ist nichts hinzuzufügen und nichts wird zurückgenommen
- man spielt nicht mit der Zeit um gegen sie zu gewinnen -
also schau dich an: Wie wenig wiegt die Zeit noch in deiner Hand
denn siehe nur, wie rasch sich so vieles löst was sich einst fest verband
und du spürst: Die Zeit hat dich schon reichlich eingeschnürt und vieles besiegt
dass der Körper mehr und manche Hoffnung weniger wiegt
doch das Bild, das wir von uns machen
will jung bleiben mit all den Zärtlichkeiten und dem Lachen
beständig wie ein herrlich vollendetes Gemälde
dass es für uns eine zeitlose Bleibe werde
- bevor das Unvorstellbare passiert
und man sich im Strom der Zeit verliert.

Kometen

Kometen, die vorüberziehen
am dunklen Himmel hell aufglühen
und wieder in die Dunkelheit eintauchen
um erst in Jahrmillionen langsam zu verrauchen
- mancher hofft er würde wie sie kommen und gehen
um auf einer ewigen Reise das Leben immer wieder zu sehen.

Gleich

Es gehen wie Sonne und Regen dahin:
Die Hoffnung, die Ersparnis, die Liebe und der Gewinn
und zudem bleibt dir am Ende weniger als einer Kirchenmaus
wenn du siehst: Gleich ist es aus.

Laufe rasch

Immer näher kommt er heran:

Der Sensenmann
und da – hast du ihn nicht schon in den Schatten gesehen?
Dort – sahst du ihn nicht wie einen Dieb vorüber gehen?
Hatte er sich nicht eben gerade in das Halbdunkel geduckt
und seine Hand aus dem schwarzen Mantel gestreckt
dazu mit seinem Finger kurz in deine Richtung gezeigt?
Komm, lauf rasch, dass er dich noch nicht ergreift.

Der Tod lehrt nichts
Der Tod ist kein Gefühl
denn er bleibt stets fremd und kühl
während man das Sterben sehr wohl erfährt
was einem – außer das alles endet – aber nichts lehrt
eben nur, dass die Vergänglichkeit das Gegenteil von allem ist
weil es Geist und Herz nicht mehr pochen und hoffen lässt
- und wenn man deshalb über den Tod nicht weiter spricht
so ist das kein Fehler, sondern nur: Zuletzt erlebt man ihn nicht.

Nicht aufschieben
Die Jahre verpufft
naht die Gruft
hart, eng, dunkel und kalt
womit man feststellt: Man wird alt
denn ein neuer Anfang und ein neues Glück
liegen inzwischen unerreichbar weit zurück
und der verbleibende Weg ist eng umbaut
deine Worte sind nun auch nicht mehr so laut
und leiser und bescheidener wird dein auftreten
sanft umhüllst du dein fortschreitendes aufgeben
doch eines genießt du bis zum Ende:
Sanfte Berührungen und zarte Hände
und das kann man glücklicherweise täglich üben:
Darum lasse es uns nicht aufschieben.

Verdorbene Laune
Was den Tag völlig verdirbt
ist: Wenn man an dem Tag stirbt
besonders wenn man unfein vergeht
weil ein Schmerz einem die Sinne verdreht
und für das Leid die ganze Antwort ist:

Das du demnächst ein Stück Erde bist
auch wenn man schon lange davor jeden Tag ein wenig stirbt
- doch das ist etwas das einem die Laune nicht halb so sehr verdirbt.

Verkehrt
An den Tod muss man nicht denken
denn er hat einem nichts zu schenken
zumal er niemanden vergisst
und fast immer zu früh eine Seele frisst
auch wenn das Herz sich noch so wehrt:
Das Ende ist immer verkehrt.

Schwer
Wer mit 80 Jahren noch plant
hat sich eine Zuversicht bewahrt
und wer mit 85 noch arbeitsam schnauft
hat gelernt, wie man sich zusammenrauft
doch ab 90 gibt es keine Planung mehr:
Ab dann wird jeder Schritt schwer.

Wir verfehlen uns nicht
Ich sehe deine Augen, mein Kind
wie freudig und erwartungsvoll sie sind
doch auch sie werden irgendwann zufallen
und dein Lachen wird verhallen
liegt auch eine ganze Welt in jeder Umarmung
doch der Tod hat dafür keine Verwendung
aber du siehst noch nicht die Trennung am End'
- und so werde ich dich halten, mein Kind
und solltest du doch mal fragen: Wir warten im Himmel gleich an der ersten
Kreuzung auf dich
glaube mir: Wir verfehlen uns nicht.

Letzte Steuer
Leben ist Lust, Last und Abenteuer
und der Tod ist die zuletzt darauf erhobene Steuer.

Schmetterlings-Sammlung
Der Tod klopfte mit einem Herzstechen an:
„Ich komme – und das nicht irgendwann."
Doch du sagst: „Halt, du sollst noch warten
du siehst doch – ich habe noch ein paar Spielkarten."
Da nickte der Tod und derjenige spielten noch jahrelang Karten
und der Klappermann begnügte sich mit stillem Warten
auch wenn er täglich mit am Tisch und Bette saß
und so tat als ob er sein Gegenüber vergaß
bis er sich plötzlich nur kurz bewegte
und ein weiteres Leben wie einen Schmetterling zu seiner Sammlung legte.

Wiederkehrendes Leben
Magst du auch noch so auf anderes hoffen:
Am Schluss werden Regentropfen und Steinchen an deinen Sarg pochen
denn wenn sie dich ins Grab hinab senken
und dir die Erde zum Bette schenken
wirst du wohl nichts mehr wie zuvor spüren und sehen
nicht mehr wie gewohnt pulsieren, ruhen oder stehen
auch wenn du zuvor davon bisweilen träumst
dass du dich bestimmt als träumende Wolke am Himmel zeigst
oder in anderer Form das Leben bleibt oder zurückkehrt
- wenn es dir zum Beispiel ein Leben als Regenwurm beschert
oder als Ameise, Fisch oder Schabe
als Maus, Mücke oder Made
nach all deinen Jahren als Mensch auf einer Welt
die auch unattraktivere Lebensangebote bereit hält
was manche bei ihrem Traum von einer Wiedergeburt vergessen
weil sie alles an ihrem erhabenen Menschendasein messen
und damit einige Möglichkeiten ausschließen
die sich ebenso plausibel denken ließen.

Zuvor
Wie hoffnungsvoll es auch begann:
Es endet alles - irgendwann
womit auch alles Lachen und Weinen versinkt
- was einem zumindest in dem Moment ziemlich stinkt.

Gläubige
Es gäbe im Himmel für uns – oder sonst wo - Erlösung?

Der Glaube grenzt zwar an eine Selbstüberhöhung
doch ist er nett, weil er sich auf eine ewige Reise bezieht
und als Fantasie tröstende Kreise zieht
wofür man schon mal etwas Absonderlichkeit hinnimmt
wenn man dadurch eine trostvolle Hoffnung gewinnt
bereit, dafür sogar manch Priester- und Pastorenschar zu bezahlen
als Fassaden-Anstrich für des Alters und der Vergänglichkeit Qualen.

Was uns hält
Jahre kommen und gehen
und das Alter ist wie ein Versehen
mit schlechter Laune und falsch konstruiert
weil einem dabei schnell die Seele friert
wenn wir nach und nach auf das Nichts zugehen
und still immer öfter sagen: Auf Wiedersehen
woran man sich aber auch nach vielen Jahren nicht gewöhnt
weswegen man auch mal stumm über die Jahre stöhnt
und ehrfürchtiger – oder betrübter - seinen Tag beginnt
und jeden gelungenen Moment nun wie ein Geschenk annimmt
wenn nicht Lasten und Krankheiten einen nieder drücken
und man sich ängstlich fragt: Was wird noch glücken?
Worauf die Antwort meist so kurz wie einfach ausfällt:
Es sei die Liebe – weil uns nichts anderes lebendig hält.

Bitte
Dem kommenden Tod und Dunkel etwas Ruhe abzuringen
dafür muss sich ein Herz schon kräftig aufschwingen
bis eine freudige Gelassenheit in ihm schwebt
und sich von allem Irdischen mehr und mehr etwas erhebt
um vielleicht weiter zu „leben" mit der Fantasie:
Die Welt trennt uns nie
denn der Schluss sei noch kein Ende:
Liebe – bitte beschere uns eine andere Wende.

Vorher
Kurz ist der Aufstieg und rasch kommt das Ende
und so recht bemerkst du nicht die Wende
ab dem die Talfahrt leise aber stetig beginnt
und der Lebenslauf mit jedem Schritt weiter verrinnt
bis du ein paar Blümchen an einem Grabe gießt

an denen du auch dein nahes Ende siehst
darüber wenig beglückt oder gar bedrückt
denn bald wirst auch du vom Schicksal so gepflückt
und zur Nahrung für Würmer, Käfer und Blätter
- also vorher war es netter.

Klarstellung
Man ruht nicht am Ende: Man stirbt
was die Laune – im Gegensatz zur entspannten Ruhe – eher verdirbt.

Wanderer
Du vergehst
wie vehement du dir auch einen anderen Ausgang erflehst
und mit Fantasie oder Glauben anderes erhoffst oder siehst
damit du gleich einem kleinen Gott ewig durch ein Universum fliegst
oder zumindest bis zuletzt besänftigt durch dein Leben gehst
weil du meinst, dass du niemals ganz in einem Grabe stehst
was dir den Verlust von Liebe und Verbundenheit erspare
und dich auf immer mit deiner/m Liebsten verpaare
zudem das Durchgangsstadium auf Erden noch erträglicher gestaltet
wo viel Gemeinheit, Irrsinn und Arroganz waltet
- wobei ein Hoffen auf eine himmlische Ewigkeit durchaus vernünftig ist
wenn es dir die Kraft gibt, dass du auf Erden ein besserer Wanderer bist.

Eile
Du musst dich beeilen
denn deine Schönheit wird nicht verweilen
weil deine Jugend und Kraft rasch vergehen:
Du wirst bald immer näher an einem Abgrund stehen
und dir die Tage mit Erinnerungen und Eitelkeit vertreiben
und wissen was es heißt, an sich selbst zu leiden
bis die Erde dich verschluckt
wie ausgespuckt.

Heute oder morgen
Der Zufall will es so: Man ist nur einmal auf dieser Welt
womit den meisten die Endlichkeit nicht sonderlich gefällt
weil die Zeit rasch vergeht und einen zwickt, beißt und haut
und aus den schönsten Vorstellungen wackelige Körper baut

ohne eine Wahl ob man nehmen will was da kommt
auf das man sich so weit wie möglich labt und sonnt
so lange es mit all der Last und Lust noch geht
wofür man buckelt, leidet, liebt und strebt
wissend, dass die schöne oder gemeine Welt
einen nicht auf Dauer bei sich behält
und stets bereit ist mit einen jeden mit einem Fingerschnippen
heute oder morgen über eine letzte Klippe zu kippen.

Nicht zu glauben
Das Ende will man nicht glauben
denn es kann einem alle Zuversicht rauben
weshalb man sich schon mal glaubend einigelt und findet
dass irgendein Gott (oder eine Parallelwelt) einem vielleicht eine Unsterblichkeit sendet
wenn man ihn oder sie nur innig genug beschwört und nicht weiterdenkt
damit das Erträumte auf Gott wirke - durch nichts abgelenkt
und sich ein persönlicher Gott auch entsprechend verhalte
also nach des Lebens Ende einem ein neues Leben gestalte
am besten noch besser oder leichter als das alte
weil man findet, dass dieses sonst zu endgültig in der Erde erkalte
und diesmal sei es bitte erfüllt von Geborgenheit für die Ewigkeit:
Man hofft ja schließlich nicht nur auf irgendeine Kleinigkeit
wenn einem der Abschied die Brust zusammenpresst
und die Sinne nicht mehr wie gewohnt pulsieren lässt.

Auch das schon
Der Vorhang fällt und das Stück ist zu Ende
und der Schluss bringt die bekannte Wende:
Man hat geliebt, gelacht und gelitten
in der Liebe selten ein Wildpferd geritten
doch irgendwie eine Ruhe und Bleibe gefunden
und sich gesagt: Man hat vieles geschafft und überwunden
aber nun kommt schon der letzte Akt mit einem vielleicht noch kurzen Applaus
doch dann ist es mit einem knappen „Staub zu Staub" auch schon aus.

Grabstein-Inschriften
Grabsteininschriften sind oft Dokumente der Ratlosigkeit
eine kleine Auflehnung gegen den unablässigen Fraß der Zeit
denn sie deuten an, man dürfe vielleicht noch weiter hoffen

nach all dem wilden, schmerzlichen und euphorische Herz-pochen
denn manche Grabsteine sind mit dem vagen Hinweis versehen
man würde irgendwo erwartet und irgendwie weiter gehen
und das da vielleicht noch eine Liebe wäre, die einen auffängt
- denn was hat man sonst noch, woran ein Herz ewig hängt?

Blatt und Baum
Ich spüre dich in jedem Luftzug, Licht, Blatt und Baum
und rede mit dir, merken das andere auch kaum
denn du bist bei mir und in mir drin
Liebste, du gehst mir nie mehr aus dem Sinn
und hat dich die Zeit auch schon davongetragen
so nutze ich alle Tage um dir einen lieben Gruß zu sagen
die du dein Leben einst mit mir teiltest
und nur sehr widerwillig in andere Sphären enteiltest
durch die Tür der Zeit
- doch die ist heute noch für mich zu weit.

Gleichmacher
Manche/r versucht noch im Tod über anderen zu thronen
weshalb imposante Stein- und Metallfiguren manche Gräber krönen
was eine ausgeprägte Eitelkeit oder gar Geltungssucht bezeugt
die aber leider auch nicht der Wirkung des Todes vorbeugt
denn der große Gleichmacher zeigt jedem seine gleiche Würde und Vergänglichkeit
und kein Protz und keine Überheblichkeit gilt mehr etwas hinter der zugeschlagenen Tür der Zeit.

Sprinter
Natürlich hast du dir schon oft überlegt
wie schnell das Jetzt als Gestriges vergeht
und wie viel dabei jeder Augenblick wiegt
in dem sich eine Zufriedenheit um dich legt
und natürlich möchtest du auf ewig in bewegte Geborgenheit eintauchen
kräftig, neckisch, heiter und lässig liebend ruhen und berauschend raufen
um den Enttäuschungen und Schmerzen eine lange Nase zu drehen
und dich jeden Tag neu hinzugeben und anzunehmen
- wenn da nicht das böse und penetrante Raunen wäre
wie ein Hammer oder eine scharfe Schere
dass deine Zeit ein Sprinter, aber kein Marathonläufer ist
womit du viel zu schnell an der Schlusslinie bist

was mancher zwar mit einem Glauben zu korrigieren hofft
damit auch nach der Schlusslinie jemand an die Seelentüre pocht.

Andere Welt
„Nun ruhe dich aus" wollte ich dir sagen
„und dass dich keine Sorgen mehr plagen
und ein Frieden dich zu sich nimmt
der als sanfte Liebe ewig in dir glimmt
damit du all deine Geliebten freudig wieder siehst
wenn du nun von dann in die Ewigkeit gehst."
Das wollte ich dir sagen, doch fürchte ich, es könnte anders sein
und du bist in der Erde verloren und allein
denn deine Seele geht davon oder reist ruhelos umher
und findet sich – und mich – vielleicht nicht mehr
was die Sache mit großem Schmerz versieht
wenn ein lieber Mensch von dannen zieht
- wobei es so manche Seele gibt
die man besser in keiner Form wiedersieht
weshalb das Reich ewiger Seelen hoffentlich nicht alle von der Erde unverändert
aufnimmt
weil man sonst besser in einer anderen Welt pennt und weiter rennt.

Schon geküsst
So kalt wie Stein
wird irgendwann jedes Gebein
und damit erstickend still
jedes drängendes: Ich will
denn es ist brutal und hart
wenn es heißt: Alles ward
denn dir ist kein Atemzug mehr vergönnt
und du wirst fortgeschwemmt
- und magst du auch irgend himmlisches Ufer erreichen
oder irgendwie neu entstehen: Hier musst du aufgeben und weichen
und damit ist deinem Wunsch: Ich will leben
erst mal keine weitere Luft mehr gegeben
- und den Schmerz am Schluss hast du schon lange geahnt?
Nun gut, so bist du ja gründlich vorgewarnt
wobei dir weder die Erkenntnis noch ein Lamentieren etwas nutzt
denn sehend oder hoffend: Am Schluss wirst du weggeputzt
und als Wasser, Erde und Luft verstreut
- hast du heute schon geküsst, dass dich der Tag nicht reut?

Unsere alten Hände

Alte Hände sind knochig und voller Falten
sie haben vieles bewegt und gehalten
doch nun sind die Adern unter der dünnen Haut gut zu sehen
die Jahre haben sie gebogen und Furchen gegeben
und könnten alte Hände Geschichten erzählen
so wäre es über ein bedrückendes und beglückendes Kommen und Gehen – selten zu
wählen
und nun habe ich selbst solche Hände voller Falten
mit den Jahren gezeichnet als die Hände eines Alten
mit einer zerknitterten Haut nach langem Gebrauch
wie ein Buch voller Geschichten – wie deine Hände auch.

Hinaus

Was sagt man jemandem der vergeht?
Für den kein weiterer Tag ansteht?
Dem kaum noch ein neuer Atemzug gegeben ist?
Der kaum noch träumt und doch alles vermisst?
„Schlafe gut und ruhe dich aus
ich begleite dich noch auf deinem letzten Weg hinaus."

Verwandlung

Schlaffe Leiber und tiefe Augenränder
faltige Weiber und ebensolche Männer
bröckelnde Fassaden und zugeschnappte Fallen
bröckelnder Rost und über-spachtelte Dellen
kurzer Atem und schwache Beine
Spaziergänge wie graue Hunde an zu kurzer Leine
- so, mein Schatz, sieht auch unsere Zukunft irgendwann aus
also betrachte nicht zu genau dies Graus
und lasse uns lieben wie und was wir waren und noch sind
auch wenn die Zeit manch Unerquickliches bringt
und uns so eigentümlich dämlich behandelt
bis sie zuletzt uns zuletzt zu Erde verwandelt.

Schweben

Gedanken
fliegen, ziehen, wanken und schwanken

erfassen und ertasten
befreien und belasten
wie eine Trennung und Umarmung
mit Kälte und Erwärmung
alles zwischen Himmel und Erde
mit Leichtigkeit und Schwere
im Wechsel von Sturz und Auferstehung
Erstarrung und Bewegung
für ein eigenes und immer neues Seelen-Reich
manchmal einem Papierschiffchen gleich
geworfen in den reißenden Strom der Zeit
der alles auf einen großen Ozean zutreibt
alles aufnehmend und in dunklen Tiefen abgelegt
- ob dann die Seelen in und über ihm schweben?

Wie?

Du kannst es drehen und wenden
aber spätestens ab etwa 80 oder 85 Jahren kommt ein enden
und das Gedächtnis verraucht
in einem Körper, der verbraucht
Gedanken formt voll alter Bilder
mit ein paar Blitzlichtern: Du warst früher mal ein Wilder
und du wolltest immer, dass man dich ehrt und begehrt
doch die Realität war oft anders und verkehrt
aber du wolltest immer wieder beginnen
doch nun geht das nicht mehr und die Frage bleibt: Wie kann man jetzt noch
aufrecht verrinnen?

Vernünftig

Die größte Panik und der tiefste Schock kommen erst am Ende
denn es gibt keine verlässliche Aussicht auf eine tröstliche Wende
also will jedes Herz den Momenten zugewandt weiter jagen
damit es keine Abschieds-Resignationen plagen
auch wenn jede Seele genau und immer näher sieht
dass im Lebensbuch nach der letzten Seite nichts mehr steht
- und schnürt dir doch mal dies Ende den Magen ab
obwohl du essen willst, denn du bist noch lange nicht satt
und du schwitzt und trotzdem ist dir im nächsten Moment kalt
während im Herz ein stummer Aufruhr tobt: „Nicht dahin - halt"
ohne die erhoffte Wirkung, denn das Ende kommt unbeirrt weiter heran

dann träume von ewiger Liebe: Es gibt nichts anderes, was man dann noch
vernünftig tun kann.

Weiter

Es ist spätestens dann vorbei
sind du und deine Errungenschaften verschimmelter Brei
      dabei hast du so mühsam und lange an vielem gebaut
      doch bald zerfällt und vergärt das alles wie gammeliges Kraut
und schrumpelig und matt werden Haut und Haare
und du stehst tiefer und tiefer auf einer einseitig herabsinkenden Waage
      während du siehst: Es sind schon viele gewesene Tage
      und so langsam wird sie abschüssig und schwierig - deine Lage
doch du mühst dich weiter und schenkst Liebe, Wein und Brot
und du zeigst tapfer lächelnd dein Lächeln und Wangen-rot
      auch an den schlechteren Tagen
      denn da ist nichts anderes – so wirst du dich bis zum Schluss weitertragen.

Eines Tages

Es ist nicht so dass sich der Blick weitet
wenn sich das Ende vor einem ausbreitet
oder dass die Gedanken zu einem Höhenflug abheben
wenn des Todes Vorboten vor einem stehen
während das Herz gehetzt nach einer letzten Ausflucht sucht
und über der Vergänglichkeit Rutschbahn flucht
mit der Bitte, die Faust der Zeit möge nochmals abprallen
während die letzten Worte der Liebe verhallen
- darum warte nicht auf irgendein Geschenk am Ende
sondern suche heute noch mal die Wende
hin zur Lust, Freude und zum Frieden
denn eines Tages wirst du fern von alledem irgendwo liegen.

Gefülltes Weinglas

Statt reichlich Brot, Salz, Wein und Butter
wirst du selbst irgendwann mal Maden-Futter
und du musst deine Seele schmerzlich aufgeben
traurig und protestierend dich zurückziehen und niederlegen
denn die Zwangsräumung deines Lebensraumes wirst du nie ganz akzeptieren
und doch wird sie sich in jedem Falle realisieren
weil wir alle nur allzu bald Maden-Futter und Erde sind:
So genieße den Moment, solange der Wirt noch ein Weinglas bringt.

Rede über das Alter, schlechtgelaunt
Du altes Gemäuer
seufze nicht, das macht die Milch nur sauer
also sei doch endlich mal still
höre vor allem auf mit deinem leiernden: Ich will
denn du bist bald eine Ruine, abzureißen und zu verstreuen
um als Erde und Sand für Rosen und Löwenzahn zu verweilen
denn die Risse in deiner Mauer werden nicht mehr heilen
mag auch manch Mann oder Frau noch auf und über dich steigen
also schweige nun, die Zeit hat dich bald vergessen
und sie wird immer wichtigere Steine aus deiner Fassade poltern lassen
- wie, du willst noch möglichst lange wie früher dastehen?
Morgen komme ich wieder - dann wird man von dir wieder etwas weniger sehen.

Zuletzt
Es ist die Hoffnung, die den Menschen hält
mit der er steigt und mit der er fällt
denn sie lässt ihn bis zuletzt nicht los
als Bitte: Der Schluss soll mehr sein als der Erde stummer kalter Schoß.

Blätter und Blüten
Dein Baum welkt?
Blatt um Blatt fällt?
Obwohl du noch blühst?
Noch suchst und wächst?
Doch du ahnst schon wie dein Stamm einst fällt?
Zusehens ermattet, erschöpft und ausdörrt?
Und wenn das Glück es will
ist zumindest der Aufschlag schmerzlos und still?
So kreieren auch der Frühling und Sommer düstere Gedanken
während die Blätter und Blüten scheinbar noch lange im Wind schwanken.

Eile
Du musst dich beeilen
der Jugend Schönheit wird nicht lange verweilen
denn deine Jugend und Kraft werden rasch vergehen
und du wirst bald faltig einem Abgrund entgegensehen
um dir die Tage mit Erinnerungen noch zu vertreiben

und zu wissen was es heißt, an sich selbst zu leiden
bis die Erde dich verschluckt
als hätte die Zeit dich nur kurz mal hingespuckt.

Es wird spät

Schau mich an: Es wird langsam spät
denn das Alter kratzt an der Vitalität
und gleichförmiger wird der Lebenslauf
auf den langen Wegen hinab und weniger hinauf
denn neue Kraft ist kaum noch zu gewinnen
nun gilt es nicht zu stolpern, nicht zu springen
und dies und das bedächtiger auszuführen
um auch mal einander ruhiger zu verführen
wozu manche auch sagen: Man sei reifer
- oder auch behäbiger und steifer -
denn im Leben wird es schnell spät
weil unsere Zeit rasch vergeht.

Verwüstungen

Die Verwüstungen des Alterns schreiten fort
und weisen zunehmend auf einen letzten – unerwünschten - Ort
wo zerbrechend alles zu Ende geht
und ein eisiger Wind alles fortträgt
was leider auch manchem jungen Leben geschieht
bevor es der Erschöpfung Kälte und Abgrund sieht.

Es eilt

Zeit kennt keine Gnade
denn sie treibt uns unablässig zum Grabe
und zieht eine immer engere Schlinge um Hals, Hände und Füße
als zunehmend schmerzliche Grüße
denn täglich wird die Bitte um weitere Chancen verneint
auch wenn man sich auf einer anfangs langen Reise meint
bis man zuletzt nur noch für einen Atemzug verweilt
so lasse mich dich heute lieben – glaube mir: Es eilt!

Großer Putzlappen

Zusammen mit einigen fetten Maden
lebten zwei muntere Schaben

in mehreren Lebensmittelschubladen
um bis über den Hals in saftig altem Ost oder schimmeligem Mehl zu baden
und das reichte ihnen an allen Tagen
beschäftigt mit fressen, lieben und graben
weil sie ungestört in ihrer Welt waren
einander nah an allen Tagen
unbelastet von jeglichen Fragen zu ihrem Weg bis zum Grabe
bis ein großer Putzlappen es beendete – für sie schade.

Das Nichts anerkennen
Über den Tod kann man viel reden und schreiben
aber das Nichts als sein eigentliches Wesen wird sich direkt nie zeigen
denn im Ende aller Dinge, Sinne und Sinnlichkeit
hat der Tod - sobald er einen ergreift -
für jeden Betroffenen weder Gestalt noch Erlebbarkeit
auch wenn man in Worten und Gedanken zuvor viel um ihn herumschweift
- weswegen man über ihn zuvor auch besser schweigt.

Zieleinlauf
In fortgeschrittenem Alter darf man schon mal gedankenschwer über einen Friedhof
gehen
und sich das Ende – nicht Ziel – all der ungezählten und eigenen Lebensreise
ansehen
denn unsere irdische Wanderzeit hat nun mal die Besonderheit:
Am Schluss kommt kein Zieleinlauf, sondern Erschöpfung und oft auch Bitterkeit.

Wie es eben so läuft
Auch mit dem Alter
wird man kein bunter Falter
und keinesfalls leichter
sondern schwerer, grauer und oft weniger heiter
und wird zuletzt noch Gastgeber für Wurm und Made
- irgendwie ist das schade.

Du warst doch mal...
Du warst doch mal jung – heute glaube ich es kaum
denn wenn ich dich sehe erscheint mir das wie ein lange vergangener Traum
fort getragen von einem Sturm aus enttäuschenden Erfahrungen
und die Kraft verloren an viele Jahre mit allerlei Plagen

das Herz zwar noch suchend, doch mühsamer ringend mit der Zeit
und der Körper eine Hülle, die beschädigt, ausgeleiert und breit
sich immer weniger deinen Träumen und Hoffnungen fügt
- doch da ist noch dein Lächeln, in dem man deine Jugend sieht.

Reste
Jahrzehnte träumte sie ihrer Jugend hinterher
auch wenn sie wusste: Die kommt nimmer mehr
denn die verschwand am Horizont der Ewigkeit
wie auch die Schönheit – denn sie wurde runzelig, faltig, dürr oder breit
und wusste, sie würde in kein schöneres Zukunftsland mehr reisen
weg von diesem Tisch und Bett – also musste sie lernen, die verbliebenen Reste zu preisen.

Augenblick
Der Augenblick hat nie Zeit
eilt weiter als Wimpernschlag der Ewigkeit
denn es ist alles jetzt - nicht gestern oder morgen
trotz aller hartnäckigen Erwartungen und Sorgen
ohne Stillstand im sprudelnden Strom der Vergänglichkeit
zu unserm Glück – doch am Schluss auch zu unserem Leid.

Letzter Umzug
Sehr weit bist du nicht umgezogen
ein paar Kilometer - nun liegst du begraben im Boden
bist du auch Jahrzehnte gerannt und hast gestrampelt
dich meist gefügt, geduldet und selten getrampelt
hast Liebe geschenkt und Verständnis gesucht
freundlich gelächelt und selten geflucht
und warst bescheiden und selten vermessen
doch nun bist du umgezogen - und bald vergessen
aber das ist dir nun ja auch egal
denn du hattest zuletzt keine Wahl
und so liegst du nun in einer dunklen Kammer
als Schlusspunkt nach aller Freud und manchem Jammer
weshalb ich dir wünsche: Ruhe dich aus an dem stillen Fleck
sieh die Freuden und schwebe über all dem Dreck und Schreck
und auch ich werde dir bald folgen und zu dir ziehen
um dich hoffentlich mit einem Kuss wieder aufzunehmen und anzusehen
weil uns dann keine Zeit und kein Raum mehr trennt

verbunden mit der Erde – wo alles immer wieder neu beginnt.

Ruhen
Vor dem Tod
fragtest du mich nach noch etwas Leben in deiner Not
und du kleidetest die Frage in ein schlichtes: „Was soll ich jetzt tun?"
denn du wolltest noch nicht in der Erde ruhen
und ich saß stumm daneben und wusste kaum etwas zu sagen
denn niemand kann dieses Ende wirklich ertragen
und so fand ich nur wenige Worte
angesichts der nahen letzten Pforte:
„Schlafe jetzt ein bisschen – etwas anderes kannst du nicht tun
und versuche jetzt ein wenig auszuruh'n".

Wille
Mit Blick auf ein Totenbett
      siehst du klar:
Es wird nie mehr so nett
      wie es gestern noch war
und der Schmerz und die Trauer heute
      werden zu allem was du noch hast
denn alles wird der Erde Beute
      selbst die Liebe und Sanftmut werden erfasst
täglich sinkend auf dem Weg in eine unendliche Stille
      auf den Segeln aufgemalt ein Liebespaar mitten im Kuss
als des Universums schönster Wille
      gegen jeden irdischen Schluss.

Nettere Antwort
Eine Antwort zum Ende? Die ist immer insoweit missglückt
als der Tod einen schmerzlich und stumm vom Lebensbaum pflückt
und wie schimmelndes Obst auf den Boden schmeißt
dass es dich zuletzt eine Horde Ameisen zerbeißt
- also frage mich besser nicht
was dir eine Antwort an Nettigkeiten auftischt
während man in der Erde versinkt:
Das ist die Antwort was die Zukunft bringt
und die vermutlich wenig anderen Trost kennt
so sehr man auch auf eine nettere Antwort drängt.

Aus

Die Made, am Ende des Apfels angekommen
hatte sich munter durchgefressen und an Gewicht zugenommen
und dabei das Gehäuse und den Kern gut durchgekaut
das saftige Obst verschlungen und verdaut
gelebt, gekrabbelt und eine Bleibe gefunden
darin gedöst und sich weiter gewunden
doch nun schaute die Made auf der anderen Seite des Apfels heraus
und sah mit Graus: Der Spaß ist aus.

Friedhofswege

Mit den Jahren wird der Gang über einen Friedhof zu einem eigenartigen Genuss
wenn man kann sehen: Für viele war schon vor mir Schluss
obwohl sie nicht mal in meinem Alter waren
und doch liegen sie nun da in Scharen seit Jahren
doch die Ruhe hält nicht lange an und ich laufe schneller auf den Friedhofswegen:
Für das Abendessen muss ich die Gans noch rechtzeitig in das Ofenrohr legen.

Erfassen und loslassen

Was hat die Zeit aus uns gemacht?
Falten vertieft und manche Enttäuschungen gebracht
und unseren Träumen nette Bauplätze für die Fantasie zugewiesen
Bescheidenheit und Duldsamkeit als Tugend angepriesen
den wahren Luxus liebevoller Geborgenheit mit hohen Steinen umstellt
dass die freundliche Verbundenheit immer wieder mal stolpert und fällt
und darum siehe dich an: Was wirst du heute zufrieden erfassen?
Und was kannst oder musst du – hoffentlich sanft - loslassen?

Du wirst sehen

Manchmal – wenn dich kein Arm geborgen hält
fällt deine Seele weit aus der Welt
denn du willst und erwartest mehr
- aber das Schicksal ist geizig, kleinlich und nicht fair?
Und statt Liebe im Bauch wie ein Hummelschwarm
füllt dir Zurückweisung und Ärger wie ein Stein den Darm?
Und doch bleibt dein Sehnen kühn und frei
auf das da noch mehr als diese Realität sei?
Und du zeigst lächelnd deine Zähne
als Schutzwall aus Humor, Wärme – und manchmal Häme?
Und haut dir das Schicksal wieder mal hart auf die Finger

so schluckst du beherrscht lächelnd deinen Kummer?
Und siehst dabei: Das Ende wird kommen - viel zu bald
denn die Lebensuhr wird zusehends alt?
Doch weiter brauchst du sanfte und kräftige Arme
für ein Bad in milder Berührung und Wärme?
Insofern kann dein Spiel kaum gut ausgehen
- du wirst sehen.

Zeit
Was uns antreibt
ist Lust - und Unzulänglichkeit
bis das Alter gewinnt
womit der Anspruch versinkt
in der Erschöpfung Matsch
ein Sturz mit einem seelisch heftigen „klatsch"
denn man wird sich nicht mehr weit hochstemmen:
Der Fraß der Vergänglichkeit ist nicht zu hemmen.

Ich werde nach dir sehen
Heute oder morgen musst du endgültig gehen?
Ich werde weiter mit dir reden und nach dir sehen
und ich werde dir bald nachkommen
- ohne dich ist auch meine Zeit fast verronnen.

Zu hoch
Zunächst langsam und fast unbemerkt wird man alt
doch plötzlich wird es für die Seele bedrückend und kalt
wobei man schon lange vorher sieht
wie man dereinst danieder liegt
nach einem langen Auf- und Abstiegskampf
voll Mühen und manchem Krampf
bis zum dunklen Loch:
Der Sturz am Ende ist in jedem Fall zu hoch.

Doofes Ende
Wenn deine Laune sinkt
weil dir das Ende winkt und stinkt
dann helfen nur noch Liebe und Lächeln
um sich Frischluft zu zufächeln

auf unserem Weg zurück zum Staub:
Das wird ein doofes Ende - mit Verlaub.

Still

Mit den Jahren wird man zum/r Alten
und rückt mit seinen Falten täglich näher heran an das Erkalten
was man beim letzten Abgang vielleicht kaum noch spürt
weil sich ein erschöpftes Hirn und Herz weniger rührt
auch wenn es über jeden Schluss hinaus pulsieren will:
Denn es wird still, zu still.

Freudenschrei

Es kommt die Einsicht mit den Jahren
dass es derer nun schon viele waren
alle erkämpft und einige verschenkt
und so rasch gekommen wie versenkt
mit einem immer lauteren Hinweis: Es geht flott vorbei
und den letzten Blick in die Ewigkeit begleitet kein Freudenschrei.

Noch weiter

Bleibt hier, all ihr Hoffnungen und Gaben
verkriecht euch nicht wie Küchenschaben
auch wenn das Alter sein Messer wetzt
und uns kühl zum Abgrund hetzt
den kein Sprung mehr überwindet:
Denn kennst du jemand, der danach noch etwas findet?
Man könne es zwar glauben, aber nie wissen
doch wie schön wäre es, dann noch weiter einander zu finden und zu vermissen.

Jahr

Das alte Jahr: Wie Wolken ist es abgezogen
mit wechselnden Wettern davongeflogen
und im ewigen Zeiten-Strom untergetaucht
mit ruhelosen Sinnen aufgenommen und verbraucht
- und so wird sich auch das neue Jahr an das alte reihen
bis die Jahre irgendwann ohne dich weiter eilen.

Räuber

Jedes Leben mit seinen Schatten und seiner Pracht
stürzt am Ende in eine endlose Nacht
war es auch eine Hütte oder ein Palast:
Die Stunden haben zuletzt alles erfasst
denn die Erschöpfung ist wie ein Räuber eingebrochen
hat alle Kraft geraubt und erloschen
und so bleibt als letzter Schatz nur noch der Schmerz:
Man spürt bis zuletzt sein sehnsüchtiges Herz.

Nützliches Geschäft

Der Wunsch nach Unsterblichkeit
bewegt jeden Denkenden insbesondere zum Ende seiner Lebenszeit
und will Er oder Sie dies durch einen Handel mit Gott erlangen
muss man überlegen: Was könnte ein Gott dafür von mir verlangen?
Zumal kein Gott eine Ewigkeit mit Gewissheit verspricht
und trotz allen Anbetens diese Hoffnung zuletzt vielleicht schnöde zerbricht
- denn was ist, wenn man mit viel Aufwand nur einem Gespinst nachgelaufen ist?
Wenn du dich beugst und redest – und letztlich nur ein Schauspieler bist
in einer erdachten Kulisse vor einem Bild ohne Wirkung und Gehalt?
All die Rituale und all das Gemurmel für eine Fantasiegestalt?
Geformt aus bunten Wünschen und Illusionen
damit wir kleine Hütten der Hoffnung bewohnen?
Was, wenn wir stets nur einen Holzbalken ritten
und dachten, er würde zu einem geflügelten Ross durch unser Bitten?
Wenn wir all die Kirchensteuern und Spenden zwar zahlten
aber damit nie einen Gott für uns als Begleiter erwählten?
Und wenn all die Kirchenfürsten und -diener zwar von unserem Geld selig lebten
aber nur ihr eigenes irisches Leben damit ausführlich pflegten?
Wenn von der erhofften eigenen Ewigkeit
zuletzt nur ein Atemzug noch bleibt?
War es dann ein gutes Geschäft?
Oder brauchen wir einen Gott als Sahnehäubchen damit es sich gemütlicher leben lässt?
Wo er es doch nicht schafft sich irdisch zu zeigen:
Vor welchem Bild willst du dich denn nun verneigen?
Du meinst, zumindest hilfreich sei so eine Vision überirdischer Vollkommenheit?
Gut – wenn es nicht viel kostet und es dafür Ideale gibt oder von Lasten befreit
und wenn es dann manchmal sogar ein Mitgefühl mehrt:
Dann ist zumindest der Teil des Geschäftes nicht verkehrt.

Wind und Wolken

Natürlich wird man dich in einem Loch oder Behälter begraben
und darüber – solltest du schreckhaft sein - wirst du schon mal zuvor verzagen
denn liegt erst einmal Erde auf deinem Haupt
zerspringt, was du immer ersehnt hast und geglaubt
doch du wirst dich bis dahin hoffend wehren
das kalte Nichts möge dich nicht verzehren
und es bliebe eine Liebe ohne letzten Augenblick
denn sanfte Nähe und Geborgenheit kehrten irgendwie zurück
- so wirst du träumen solange dein Atem reicht
damit der Faden des Lebens nicht zerreißt
und wer weiß: Vielleicht tragen Wasser, Wind und Wolken
deine Seele weiter wie einen schönen ewigen Gedanken.

Vergraben

Wenn ich dereinst vom Hocker falle
und unwiderruflich auf den Boden knalle
womit die Träume und Sinne in die Erde entschwinden
dann sollst du nochmals meine Gedanken auf Papier an dich finden
doch auch wenn die Worte nun keine rechte Zukunft mehr haben
so lasse das Papier noch etwas liegen – darin ist viel von einem Leben vergraben
- ist es auch nicht immer so gewesen
wie da steht zu lesen.

Ewiges Leben

Wer will schon ewig leben?
Alle - nie traf ich eine/n ohne dies Streben
denn Sinnlichkeit will sich nicht in die kalte Erde legen
sondern will aufnehmen, umströmen, umhüllen und beben
und pulsieren und lachen mit leidenschaftlichem Verlangen
in einem Spiel aus Geben und Nehmen, Hoffen und Bangen
ohne den lichtlosen Hintergrund am Ende, der alles verschlingt
in dem vielleicht keinem Liebenden ein Weg zum/r Geliebten mehr gelingt
und alles verströmt, verlischt und endet
weil nichts mehr die Verlorenheit abwendet
- wer also will schon ewig leben?
Jeder – nie gab der Tod irgendjemandem einen Segen.

Nicht am Ziel

Was sie als Letztes in ihrem Leben sah:

Das sie am Boden ihres Badezimmers war
und auf die Kacheln am Boden schaute
während sie auf etwas Blut im Mund kaute
doch was sollte das? Eine Körperseite gefühllos, wie abgetrennt?
Ein Schrecken: Da stimmt etwas nicht - bin ich gelähmt?
War das eben mehr als ein kurzer Schwindel? Bin ich umgeknickt?
Oder war ich nur beim Hinsetzen auf den Hocker ungeschickt?
Jetzt erst mal abwarten, es wird vielleicht gleich wieder werden
nur kurz ausruhen – vielleicht sind es keine massiven Beschwerden
doch dieser blöde Körper: Warum er mir nicht mehr gehorcht?
Und warum nur die Taubheit in meinem Kopf nicht weicht?
Und während sie so mit sich sprach spürte sie kaum ihre Wachheit schwinden:
„Jetzt ruhe ich erst mal aus, nachher wird es sich schon irgendwie finden"
womit sie am Boden liegend in Ohnmacht fiel
und nicht mehr erwachte - am Ende, doch nicht am Ziel.

Verletzt
Die Kraft weicht
- aber es ist doch noch überall Leben!
Das Verlangen ermüdet
- aber du willst doch Lieben!
Und manch gepflegte Vision erlahmt
- aber es gäbe doch noch so viel zu hoffen!
Doch ein leichter Flug ist dir zunehmend verwehrt
- und doch lockt weiter das Schweben
mit einer Vereinigung voll lieber Worte
- aber wo bleibt die Ankunft an einem gemeinsamen Orte?
Und so geht es bis zuletzt:
Von der Erschöpfung des Alters zunehmend verletzt.

Weiter
Rasch gehen die Tage – doch heute machst du mal Halt
        und spürst die Stille hinter all den lauten Stimmen
denn du bist müde und kurzatmig: Du wirst alt
        und die Geborgenheit der Berührung? Sie ist nun weniger zu finden
und deine Wege? Das sind jetzt Pfade immer näher an einem stummen Vergehen
        doch heute geht es noch mal – noch ist nicht die Zeit aufzugeben
denn heute wirst du noch nicht fallen – und am Tod gibt es nichts zu verstehen
        so stemmst du dich wieder hoch – du möchtest um eine weitere Wegbiegung
sehen
denn da sind noch faszinierende Berührungen und Laute und Bilder

wenn auch die Wunden und Risse dir zunehmend die Kraft rauben
doch weiter gehst du – früh genug beginnt der Weg ohne Lichter
        um uns einzusaugen.

Letztes Tor
Irgendwann verlässt jeder diese Welt
was wohl keinem gefällt
sehend, wie der Lebensvorrat verloren geht
und man in einem täglich immer engeren Kreis steht
zunehmend allein mit den Bildern der Vergangenheit
als verbliebenem Lebenskreis
während ein Schweigen um sich fasst
und allenfalls noch ein trotziger Aufruhr übriglässt
damit man sich wenigstens bis zuletzt aufrecht hält
auf dem Weg zum letzten Tor der eigenen Welt.

Ohne Sinn
Was ihm oder ihr gar nicht gefiel
war: Das Ende hat kein Ziel
sondern ist der überflüssige Schlusspunkt einer Reise
zwar absehbar, aber dennoch zumeist so übel wie leise
und auch als plötzliche Überraschung nicht besser
denn selbst mit Vorbereitung bleibt es ein tödliches Messer
und für jedes Leben der zuletzt falsche Weg
weil am Schluss für jeden nur ein Nichts als Ende steht
wie ein Irrtum ohne Sinn und voller Verhöhnung
voller Resignation und ohne Versöhnung
und damit hat selbst das Wort „Begleitung" hat kaum einen Sinn
weil es dann nur heißt: Nun geht es dahin.

Sekunden
Es kommt der Tag und die Stunde
mit der letzten Sekunde
in der du dich aufgeben musst
weil du weißt, dass du verstummen wirst
fühlend, jetzt ist ein letztes mal
Panik und Erinnerungen pressen dich in ein enges Tal
mit einem kalten Boden
deshalb hast du dich zurückgezogen
um dein Verrinnen irgendwie zu ertragen,

mit jedem Atem tief eingesogen
- denn es geht um Sekunden
noch mit dem Leben verbunden.

Unvorstellbar
Ein Tag – hier Zärtlichkeit, dort Gewalt
dort weggestoßen und da ein guter Halt
durch eine innige Berührung – für einen warmen Sturm
und eine Ankunft – in deinem Arm
dabei manche Schmerzen, Lachen und mancher Kuss
- unvorstellbar ist nur der allerletzte Schluss.

Spuren der Zeit
Du hoffst das Alter gebe Ruhe und Sicherheit?
Vielleicht – doch ist es dann erst mal soweit
zeigt die Zeit auch ihre Steine, Knüppel und Messer
und es wird für Seele und Körper keineswegs besser
und die Worte, Triebe und Blicke werden stiller
- dachtest du etwa, es wird immer leichter und heller?
Auch wenn manche Seele gelernt hat ein wenig zu schweben:
Diese Weisheit kann zwar manche Liebe, nicht aber die Zeit geben
denn zumindest dies zeigt die verrinnende Lebenszeit:
Manches wird sehr kurz, anderes zu schwer und vieles zu weit.

Ungelegen
Das eigene Sterben
kommt meist ungelegen
und die oft vorausgehende Schwäche
ist auch nichts was man gerne möchte
wie auch manches frühere Leben und Lieben
denn es bleibt nun vieles unerledigt liegen
wie die Wünsche nach besseren Fähigkeiten:
Sie wurden nie erhört - oder gefressen von den Zeiten
hartnäckig gefangen von der eigenen Unvollkommenheit
unterbrochen von den kurzen Tröstungen einer Berauschtheit
am besten durch Liebe – leider zu oft nur für jene mit mehr Prestige und Geld
wenigstens so lange, bis eine Gewohnheit und Bequemlichkeit Einzug hält
die irgendwann nur noch zwar eine Ruhe, aber keinen Frieden schafft
weil da verborgen manche Herzens-Armut wie eine Wunde klafft
- und so kommt so vieles ungelegen

und dann auch noch das eigene Sterben.

Geschenk

Auch du wirst einst auf einem Totenbett liegen:
und so fragst du heute: Wie weit ist das noch aufzuschieben?
Denn irgendwann sind alle Wege und Stege versperrt
und die Situation ist so schmerzlich wie verkehrt
denn du willst weiter und liegst doch erschöpft hin gebettet
und alle Hoffnung ist zum Heulen zugeschüttet
bis das Ende selbst die Traurigkeit auflöst
wenn dir der Atem plötzlich stockt – oder du eindöst:
So siehst du mich gedankenschwer an und bleibst mit mir noch etwas im Bette
liegen
denn es ist Zeit für ein besonders Geschenk: Einander zu lieben.

Grenze

Immer vernehmlicher raunt es in dir drinnen:
Es geht nicht mehr lange - du gehst bald von hinnen
aus deiner Welt, deinem Lieben und deinem Leib
ein jeder Moment wird immer endgültiger in Freude und Leid
und überschaubar wird dein Weg in immer kleinere Kreise gebogen
- die verbliebenen Chancen sind nun rascher abgewogen -
während die Seele ihre langen und tiefen Furchen besieht
doch nicht mehr erschrocken fliehen kann - sie hat auszuhalten gelernt
vor sich ausgebreitet manch Lieben, Lachen, Leiden und Verzweifeln
bereit, immer noch zu verweilen und zu begreifen
doch schwerer und tiefer hängen nun der Seele Zweige
Hoffnungen werden stiller und gehen stumm zur Neige
zum Ende hin, lautlos, bitter und schwer
denn da kommt deine Grenze: Niemals mehr.

Ungehorsam

So mühsam gesät
wie launisch abgemäht
und so intensiv begonnen
wie rasch verronnen
mit viel Kraft, Gefühl, List und Lust
bis zur Erschöpfung und vollkommenen Frust:
So geht es rasch von Anfang an
bis zum baldigen Niedergang

wenn ein Atem stille steht
und die Seele auf eine letzte Reise geht
auf der ihr nichts mehr zu sagen bleibt
weil im ewigen Kreislauf alles schweigt.
- und so traf es auch Sie/Ihn, die/der immer andere zu belehren wusste
und nun doch alle Bevormundungen verstummen musste
was Sie/Er fast wie eine Beleidigung empfand:
Das Leben ging ihr nicht mehr gehorsam zur Hand.

Nicht zu verstehen
Man hätte gern ein zweites Leben
        dass mindestens so gut wie das jetzige ist
um einander leicht und innig zu tragen und zu lieben
        weil man das ungern vermisst
denn es füllt die Sinne sich zart zu vereinen
        um einander Ankunft und Heimat zu geben
statt sich zu verlieren und zu verneinen
        und sich selbst im Weg zu stehen
  - und so haben stets viele auf ein weiteres Leben gehofft
        niemand will endgültig gehen
weil das Herz stets heftig pocht:
        Ein wirklicher Abschied ist mit dem Herzen nicht zu verstehen.

Rieseln im Stundenglas
Wenn man mit 60 Jahren den rieselnden Sand schon lauter hört
der im Stundenglas die Seite wechselt: Dann kann es schon mal sein, dass dies einen stört
jedoch wünsche ich dir, der Ton bleibe noch lange tröstlich leise
denn man ist ja noch munter, vergnügt und wohl auch etwas weise
vor allem Liebe, Kultur und Wein nun entspannter zugetan
denn der Ehrgeiz drückt nicht mehr so sehr und das Bett ist gemeinsam warm
also schaue ruhig auf dein Stundenglas: Denn es ist noch nicht leer
und deine Füße und Gedanken wollen noch laufen, wenn auch zunehmend schwer.

Welle und Sand
Irgendwann nach etlichen Jahren
die voller Freud, Ruhe, Sturm und Leid waren
schwimmen der Seele Kraft, Beschwingtheit und Lachen weit hinaus
und verlieren sich erschöpft - damit ist es mit der Freundlichkeit des Lebens aus
auch wenn eine melancholische und resignative Welle sie noch eine Zeit lang trägt

doch immer schwerer und tiefer in die Welle zieht
zuletzt brandend an einem Strand
eingesogen vom Sand
verwandelt zu Erdkrumen
und die Seelen? Gewiss ist nur: Irgendwann wird daraus neues Leben und neue
Blumen.

Begleiter und Sieger
Schau dich um
der Tod geht herum
denn in den Schatten folgt er dir
immer nah wandert er da, dort und hier
denn deine Jahre sind fortgeschritten
und so kommt er näher ohne zu bitten
und streckt seine Hand schon mal aus
tritt weiter aus dem Schatten heraus
und berührt schon mal kurz deine Brust oder deinen Atem
denn er will „nicht ewig" warten
bis zu deinem Namen auf einer Urne oder einem Stein
– dieser Begleiter wird zuletzt immer der Sieger sein.

Gasthaus zur Endlichkeit
Deine Zeit
bis zum Sturz in die Ewigkeit
wird zunehmend überschaubar, kurz und dünn
und immer drängender hörst du: Bald gehst du dahin
denn näher kommt ein Raunen: Du musst fort
dies waren nun deine Zeit und dein Ort
- und du spürst du warst stets nur ein Gast
weil dich jeder Tag nur kurz heimisch werden lässt
und so werden alle Gäste bald fortgeschickt:
In diesem Gasthaus wird keiner auf Dauer beglückt.

Nichts
Kommt es erst mal zu multiplem Organversagen
wir dich das muntere Lebensross nicht weitertragen
und du wirst wuchtig abgeschmissen
denn da gibt es kein den Aufprall dämpfendes Daunenkissen
wobei der Sturz schnell oder langsam verlaufen kann
doch stets mit dem betrüblichen Hang

erst auf und dann in der Erde zu enden
denn das Ross wird vermutlich nicht mehr wenden
um dich nochmals durch ein anderes Leben zu tragen
also wirst du zunehmend still – was kann man über dieses Nichts schon Sinnvolles
sagen?!

Herzschlag
Lehne dich an
dass ich deinen Herzschlag spüren kann
und mein Atem über deine Haut streicht
damit unsere Kraft und Liebe für heute reicht
- denn was danach kommt im Himmel und auf der Erde
ist eine unfassbare Stille und kühle Ferne
- und wo lehne ich mich dann an
dass ich einen Herzschlag spüren kann?

Landeplatz
Du hast Glück: Du warst hoch oben
und es hat dich ein gutes Stück weit getragen
doch nun ist keine rechte Höhe mehr zu erreichen
weil deine Tage zunehmend Abschieden gleichen
und so suchst du das Glück in leichtem Sinkflug zu gleiten
der Landeplatz kommt rasch näher, ist klein und leicht abzuschreiten
und er liegt schon vor deinen Augen
und dagegen hilft auch kein Hoffen oder Glauben
denn unter dir, dort bei der kleinen Erdgrube
das wird dein Landeplatz für die letzte Ruhe
ab dem Moment wo du nicht mehr fällst
- und vielleicht nicht mal eine Erinnerung behältst.

Spiele
Die Zeit hat nie auf Zeit gespielt
sondern stets auf Veränderung und Vergänglichkeit gezielt
für dich mit einem launischen Spiel von Verzagen und Hoffen
begleitet von einem rasenden oder ruhigen Herzepochen
während sie täglich von deinem Lebensvorrat nimmt
der wie Herbstblätter in einem Bach davon schwimmt
magst du dich heute auch noch an den bunten Farben erfreuen:
Es kommt ein Moment, in dem dich der Zeit scharfe Zähne reuen.

Strom der Zeit

Schärfer nagt der Zahn der Zeit
beißt Stücke aus der schrumpfenden Schönheit und Beweglichkeit
und knabbert schon deutlich an der einst munteren Lust
verschlingt hier Hoffnungen und nährt dort den Frust
so sehr man sich auch biegt, beugt und bückt
sich müht und auseinander oder zusammen rückt
doch wird der Bauch immer schlaffer und breiter
und das Ende schickt schon mal Bilder seiner schwarzen Reiter
für den Geleitzug der am Schluss nur noch übrig bleibt:
Etwas Erde, Luft und Wasser im Strom der Zeit
doch der Sturm trägt allenfalls noch ein Blatt
aber nicht mehr deine Sinne und dein Fett.

Der Kuss

Was sich ganz herrlich ausnimmt
aber mit der Zeit doch etwas verschwimmt
weil zunehmend die Gewissheit mitschwingt
dass alles einmal entschwind`t
ist: Ein inniger Kuss auf einen weichen Mund
so süß, als wäre das Leben endlos sanft und bunt
was aber zuletzt eine vielleicht unerfüllte Hoffnung bleibt
weil der aufmerksame Tod doch irgendwann zugreift
und die zappelnde Seele in die Erde drückt
die davon wenig entzückt
bis zuletzt nach ihrem Leben fragt
weil sie machtvoll hofft – oder verzagt.

Spazieren gehen

Es schließt sich eine Klappe
täglich mehr, spürst du des Alters Schlappe
doch du schreibst und liest weiter in deiner Lebensmappe
alles, was jeder Moment so für dich ist und hatte
und gibst du dann deine Erinnerungen am Ende ab
so tragen Wind und Wolken sie fort von deinem Grab
und formen daraus am Himmel neue Gesichter und Formen
in denen deine Gedanken wohnen
um auf die Lebenden herab zu sehen
weil deine Gedanken fortan in der Unendlichkeit des Himmels spazieren gehen.

Willst du?

Willst du erst gehen
wenn dein Geist sein Spiegelbild verloren hast?
Willst du erst Abschied nehmen
wenn du nur noch ein Schatten deiner selbst bist?
Willst du erst „auf Wiedersehen" oder „Tschau" sagen
wenn du selbst diese Worte schon vergisst?

Begleiter

Ein ständiger - und doch mieser - Begleiter ist der Tod
mit seinem Rucksack voll Abschied und Not
gefüllt mit einer vollkommenen Dunkelheit
gegen die jeder sinnliche Impuls anschreit
so lange einem die Kraft noch nicht fehlt
- auch wenn man bisweilen recht zermürbt durch seine Zeit geht.

Betroffen

Der Vorhang zu und das Leben vorbei
und doch ist vieles immer noch nicht – oder schon wieder – so, wie es eigentlich sei
und dann kommt noch die größte Ungeheuerlichkeit mit dem Tod
denn der relativiert alle zuvor erfahrene Not
was zeigt, dass das Leben dann am schmerzlichsten ist
wenn du von so einem Ende selbst betroffen bist.

Bis dann

Irgendwann
legt der Sensenmann
auch bei dir und mir die Sense an
und zeigt uns wie er sie schwingen kann
mit dem fatalen Hang
dass alles endet – heute, morgen oder irgendwann
sind wir auch noch voller Tatendrang und nur ein wenig bang
- doch manchmal wartet er nicht mehr lang
und steht plötzlich im Weg und befiehlt: „Hier entlang"
- doch dann werde ich ihn kurz unterbrechen und dir sagen: „Wir sehen uns wieder –
bis danach, bis dann."

Fingerschnippen

Du süße Lust, rasch bist du vorbei

abgerissen wie ein Blatt oder zerbrochen wie ein rohes Ei
denn des Lebens Sturm treibt dich wie Sand rasch weiter
und unsere Kräfte schrumpfen und die Bäuche werden breiter
und man erhebt sich zunehmend mühsam von der Liebesdecke auf der Erde
kämpfend mit einer zunehmenden Schwere
wartend auf das letzte Fingerschnippen der Zeit
mit dem es heißt: Ab in die ewige Dunkelheit
- der man vielleicht als Wurm, Fisch oder Fliege wieder entrinnt
womit eine Lebenslust aber wohl weniger üppig erneut beginnt.

Raub
Im Herzen jung – und körperlich alt
so wird für dich die Welt zunehmend anstrengend und kalt
und es schrumpfen Kraft, Lust und Licht
bis sie dies alles an letzten Wänden bricht
geformt aus Sand, Wasser, Erde, Luft und Staub
- also was hast du schon als Rüstung für deine Seele gegen der Vergänglichkeit
Raub?

Verwandlung
Er klopft zwar meistens vorher kurz oder länger an
doch gibt es nichts das sein Eintreten verhindern kann
denn sein Besuch kommt machtvoll und zumeist reichlich ungelegen
und stört jedes Fest solange sich die Sinne munter regen
denn was er mit sich führt ist ein unendlich leerer Kübel
und dieses schwarze Gefäß empfindet man als nachhaltig übel
denn dann heißt es - ohne tieferen Sinn:
Ich stecke dich da rein, nun geht's dahin
und in dem schwarzen Loch gibt nichts mehr, kein wofür und wohin
nur noch einen Abschied ohne Beginn
und du wirst ein Regentropfen, Sandkorn, Gras, Baum, Würmchen oder anderes
Getier
- nur eines wird nicht geschehen: So wie bisher bleibst du nicht hier.

Wund
Wird mit den Jahren
aus den Tagen
ein „es war einmal-Leben"
dann ist einem davon immer weniger gegeben
denn es regieren zunehmend Traum und Erinnerung

gesammelt als Reste einer Lebens-Zertrümmerung
und eingesaugt vom gierigen Zeiten-Schlund:
Viele Seelen werden mit den Jahren wund
und ziehen sich zurück in ein Schweigen
um wenigstens ohne offene Panik ruhig zu bleiben.

Lebensreise

Es sah so aus als hielte er sich nur noch mit Mühe auf den Beinen
als zerre eine Schwere schon stark an seinen Eingeweiden
doch er lebte weiter, müde und still, als könnte er sich zeitlos halten
mit wachen Augen - unvorstellbar, sein Blut würde jemals erkalten
doch wenn er sprach war da ein stocken, zögern und bemühtes erfassen
mit Worten, die zu keinem Ufer mehr drängten um leichter loszulassen
und mit einem Blick, der in eine vergangene Welt sah
weil im Hier keine rechte Ankunft mehr für ihn war
- so sah ich ihn lange still an:
Wohin einen eine Lebensreise tragen kann.

Richtiger Zeitpunkt

Man sollte nicht versäumen
sich bei Zeiten wegzuräumen
bevor es nur noch durchlittene Tage werden
mit zum Schluss reichlich üblen Beschwerden
und einem schäbigen Fußtritt unter die Erde
nach unendlichem Schmerz und ebensolcher Schwere
nur: Wann dafür der richtige Zeitpunkt kommt
merkt man erst ganz zuletzt – und dann hat man ihn zumeist schon versäumt.

Nicht zu vermeiden

Des Lebens Kündigungsschreiben
ist leider mit keiner Rücksendung zu vermeiden
denn der Absender ist außerhalb unserer Macht und Zeit
womit das Schreiben bei einem selbst hängen bleibt
und es kommt auch noch stets zur falschen Zeit:
Denn wer ist schon für diese Kündigung bereit?

Fluchtweg?

Im Reich ewiger Dunkelheit
gibt es keinen Schmerz und kein Leid

weswegen manche/r meint, dass man besser dahin geht
- doch hoffe ich, dass sie /er nicht zu spät "sieht":
Da ist nichts mehr vom Leben
und deshalb ist einem damit kein besseres Sein gegeben
denn erdrückt von dumpfer Dunkelheit
macht sich keine Erleichterung breit.

Grabinschrift
Mensch bedenke
wie man jeden Tag nutze und lenke
denn du bist alsbald
knochendürr und Erden-kalt
durchdrungen von dunkler Ruhe
in einer hölzernen Truhe
und unendlicher Stille
was auch immer war dein Wille
- und damit ist von deiner Sehnsucht, geliebt zu werden und zu lieben
wahrscheinlich dort drüben nichts oder wenig übriggeblieben.

Auf dem Seil
Gedanken balancieren dahin
fragend, was noch da sei von dem einstigen großen Beginn
doch sie bleiben zunehmend in Falten und Taschen stecken
zu verborgen, um noch am Honig des Lebens zu lecken
spielend mit Illusionen, saftig, sinnlich oder derb
im Kopf noch tanzend vor Freude – doch sie stürzen herb
wenn sie auch noch zu mancher Tat ansetzen
und scheinbar wie früher weitersuchen und hetzten
doch es sind nur noch kleine Geschichten die sie sich erzählen
um sich noch eine Zeit lang zu stützen – und dies als kleines Glück zu wählen
auch wenn sie nur noch im Hintergrund fantasierend balancieren
und wie früher mit sich jonglieren.

Ich werde dich erkennen
Ich werde dich erkennen, wenn du kommst
damit du mich auf deiner Reise weiter mitnimmst
denn hinter der letzten Tür irdischer Lebendig- und Endlichkeit
erwarte ich dich in einer zeitlosen Welt liebender Innigkeit.

Abgang

Ist ein Abgang mit Haltung möglich?
Das ist nach all den Jahren dein Thema geworden
denn bis zuletzt sei Würde und Ordnung:
Dafür willst du mit verbliebener Kraft sorgen
ohne in offene Panik zu geraten:
um dich selbst bis zuletzt innerlich aufrecht zu halten
kannst du auch irgendwann nur noch warten
an der Tür zu einem ewigen Garten.

Ewig

Jeder hoffnungsvolle Anfang
hat leider auch den fatalen Hang
irgendwann ein Ende zu erreichen
in denen die Hoffnungen leeren Hülsen gleichen
verschlissen, zertrampelt oder vergessen bei Seite geräumt
mit einem vollen Abfalleimer: Das alles habe ich nur geträumt und versäumt
da von jedem Anfang zuletzt nur Erde und Himmel bleiben
die sich ewig ansehen – und schweigen.

Spuren

Grabfiguren
sind Zeugnisse vergangener Spuren
z.B. als Engel und Liebende gehauen aus einem Stein
einander umarmend nach einem vergangenen Sein
doch voll Geborgenheit, wie eine Hand die andere hält
mit einer untrennbaren Liebe nach allem Lärm der Welt
und mit einer unendlichen Sanftheit für alle Zeiten
nach schon lange beendeten gemeinsamen Reisen
doch nun als zwei zarte steinerne Gestalten
die ineinander ruhend einander festhalten:
So stehen wir vor zwei steinerne Grabfiguren
und folgen in Gedanken ihren Spuren
die in Stein gefügt nun ewig gemeinsam verweilen
und nie zu enden scheinen.

Fundament

Wie sehr ist eine Abkehr dein Alltag geworden?
Wie weit sind deine Ziele und Bewegungen schon gestorben?
Wurde dir das Abwarten zu einem dich beruhigenden Ritual?

Oder zu einer Abwehr von einer langen Abschiedsqual?
Ducken sich deine Pläne bereits tief durch eine Erwartungslosigkeit?
Und die Zuneigung - wie weit reichen noch Kraft und Sinnlichkeit?
Streichelt deine Hand weiterhin eine Haut hungrig und wach?
Wehrst du dich? Hat dein Hoffen noch einen Boden, ein Dach?
Oder sind die Abschiede schon tief in dich hineingekrochen
und haben viel von deinem Fundament zerbrochen?

Stört
Bis zum letzten Atemzug hat das Leben ein „danach" und „davor"
und ein „nochmals" und „weiter" bis vor das letzte Tor
was man zuletzt aber nicht mehr sieht und hört
- was ziemlich stört.

Grabinschrift
Auch wenn ein Mensch stets sein Bestes gab
liegt er am Ende doch neben manchem Schurken und Egoisten im Grab
denn die Welt hält kein faires Gericht
und so umfängt zuletzt alle das gleiche Dunkel und Licht
womit sich Gerechte und Gemeine nicht mal an der Grabinschrift unterscheiden
lassen
- worauf sich zu Lebzeiten sogar Gemeine wohl recht gerne verlassen -
denn stünde auf einem Grabstein: „Sie/Er war gemein und ekelhaft im Leben"
so würde schon aus Eitelkeit manch Gemeine/r dem Verhalten eine Wendung geben.

Hoffnung
Gute Tage sind wie Wanderungen auf schönen Plätzen und Pfaden
und schlechte Tage verletzen die Seele mit gemeinen Plagen
doch wie der Weg auch war und ist: Kommst du vor der letzten Türe an
ist da oft noch eine Hoffnung: Gibt es nicht vielleicht doch einen versteckten
rettender Gang?

Tierreich
Du einst flinkes Reh: Nun gehst du im Watschelgang
          denn der Bauch hängt durch und es drücken Füße und Rücken
und du einst kräftiger Wolf: Du brummst – weil dein knurren keinen mehr
erschrecken kann
          die Zähne haben sie dir abgeschliffen – die Mächtigen wollten dich nur in
Stücken

und du alter Kranich? Du erhebst dich nicht mehr
       stakst nur noch still auf einer Wiese herum
denn der Leib wurde dir mit den Jahren schwer
       und die Seele so erschöpft wie der Buckel krumm
und du einst schneller Hecht? Du ruhst nun lange am Boden im Teich
       denn die sinnlich schöne Beute ist für dich nun zu schnell
und so bist du als Jäger eher einem Goldfisch gleich
       nur grau und nicht so hübsch zierlich, rot und hell
doch du sagst, keine der Beschreibungen gleiche deinem Befinden?
       Du seist noch stark, schön, sanft und behände?
So mag dir das Träumen noch lange gelingen
       denn rasch kommt die Wende.

Unfassbar
Den kältesten Abschiedskuss
gibt uns der Lebens-Schluss
denn nichts kann uns so bedrücken
so verstoßen und erschrecken
wie die Aussicht, dass uns Erde und Wasser bedecken
sobald wir spüren: Nun werden wir verrecken
unaufhaltsam mit einem kalten Sog
hinab in einen unendlich leeren Trog
mit der für die Seele unfassbaren Maßlosigkeit
eines Nichts am Ende der Lebenszeit.

Stiller Garten
Du wirst lange warten, lieben und ertragen
erdulden, aufrichten, niedersinken und etwas um dich schlagen
und du wirst geduldig sein, verzagen und doch wieder etwas wagen
wirst Hoffnungen sähen und an den eigenen verzagen
wirst lachen, trauern, nehmen und verschlingen
stolpern, rasten und wieder aufspringen
- doch zuletzt wirst du nur noch warten
bei deinem Eintritt in einen unendlich stillen Garten.

Dumm
Mit dem Tod kann sich keiner versöhnen
denn niemand kann sich je an ihn gewöhnen
wenn es heißt von allem Bekannten Abschied zu nehmen
und sich mit dem Ende des Bewusstseins hin zu legen

denn dann ist selbst das letzte Hemd noch zu viel
in einer Welt so stumm wie kühl
ohne Puls und ohne Atem
- doch du kannst nichts tun außer ihn zu erwarten
ob mit Gejammer, einfühlsamen Worten oder stumm:
Die Geschichte endet dumm.

Zuletzt
Ein Jahr noch - also Leben
ein Morgen noch – ist es das schon gewesen?
Eine Stunde noch, eine Nacht, gar ein Tag:
Du willst es, weil es nie etwas anderes gab
als den Strom der Stunden, Minuten und Sekunden
trotz aller Seelenwunden
mal erregend, beruhigend, mal geheilt oder verletzt
doch lange ohne dies harte: Jetzt kommt es – das Zuletzt.

Tür
Noch anwesend und doch schon abgewandt
ein Tuch aus Schweigen über Bedrückung und Schwäche gespannt
die Zukunft verstummt, die Gegenwart verblasst
die Weite des Tages in wenigen Sätzen zusammengefasst
und doch lächelst du noch wie mit einem lässigen Fingerschnippen
gut eingeübt, um nicht tief in eine Resignation hinein zu kippen
um Honig über deine Schmerzen zu gießen
und mit ausgesuchten Erinnerungen so manche Wunden zu schließen:
So rebelliert die Seele gegen den Abschied und den müden Leib
wartend vor der Tür zur Ewigkeit.

Ufer
Die Flussmündung: Das Ende kommt in Sicht
das Ufer – siehe nur wie rasches abbricht
und voll Hoffnungen anzulegen bald nicht mehr möglich
sind auch die alten Wünsche noch jung und beharrlich
doch das Wasser steht schon im Boot - schwerer ist nun alles zu bewegen
der Atem pfeift, doch du kannst dich nirgends ruhig niederlegen
denn da vorne ist diese konturlose Bleiche – ohne Raum, Zeit und Ziele
und vorbei sind all die Versprechen und Momente süßer Nähe
doch muss die Kraft noch reichen bis zum langen Schweigen
während du spürst wie sich deine Kräfte neigen

während die Ufer zusehends weichen
- wie lang wird dein Vorrat reichen?

Trotzdem
Sie/Er hatte über das eigene Leben ein Büchlein geschrieben:
So ist davon wenigstens etwas Papier übriggeblieben
und aus allen Leiden, Freuden, den Niederlagen und dem Stolz
wurde ein kleines Päckchen aus Tinte, Leim, Zellulose und Holz
dass seitdem irgendwo in einem Schrank liegt
wo es keiner mehr sieht
doch das hatte Sie/Er sich auch schon so gedacht
- und hat es trotzdem gemacht.

Nicht gerne
Auf die Welt kommt man mit einem Schrei
und der ist am Ende - nur anders und zumeist stiller – wieder dabei
denn auch da erfährt man oft Schmerz und Protest
wenn der Zeitpunkt kommt, an dem man die Erde verlässt
und es einen aus allen kleinen Paradiesen stößt
wurden auch viele Versprechen und Träume nicht eingelöst
doch da waren zumeist einige Freuden und manches Licht
so dass die Einsicht schmerzt, wenn es heißt: Weiter geht es nicht
denn waren wir auch „nur" aus Wasser, Licht und Erde erschaffen:
Dahin zurück lässt man sich nicht gerne raffen.

Ganz zum Schluss
Was du zuletzt noch hast - was es auch sei
du wirst wissen: Gleich ist es vorbei
und du wirst den unerträglichen Abschied irgendwie ertragen
wirst vielleicht schreien oder stumm in dich gekehrt verzagen oder alltägliches sagen
denn kein Protest und kein Lächeln schieben den Moment noch auf
- der schlimmste Fußtritt kommt am Ende von deines Lebens Lauf.

Vor der Tür
Die letzten Tage
die letzte Stunde
qualvoll bedrängend
der Abschied zutiefst beklemmend
- so wird es kommen

erst wie ein tröpfeln, dann wie ein Sturzbach hin zu einem Verrinnen
mit verschluckten Schreien gegen das alles verzehrende Verstummen
begleitet von einem ein- und ausatmenden mitsummen
wenn zuletzt für mehr nichts bleibt:
Das ist die letzte Station vor der Tür zur Ewigkeit.

Lodernd

Du meinst, deine Seele hat kaum noch etwas abzustreifen?
Du seist ausgepresst und deine Sinne würden zunehmend ins Leere greifen?
Doch du mühst dich, sammelst dich, willst nochmals aufspringen
die Atemnot vertreiben und dich kräftig hochschwingen?
Denn es wäre noch so Vieles zu erlangen
ist auch vieles verbrannt - du bist noch voller Verlangen?
Denn du willst dich weiterhin sanft in warmen Händen ablegen
mit der Bitte: Sei bei mir auf all meinen Wegen?
Und so hoffst du, flackerst und glimmst
glühst auf, fällst zusammen, stolperst und rennst
- bis du erschöpft in dich hinein sinkst
während du in dir bis zuletzt lodernd brennst.

Abgepflückt

Immer sitzt der Tod mit am Tisch als ungebetener Gast
doch du bist noch ruhig, er hat noch nicht nach dir gefasst
aber irgendwann wird er seine Hand heben
und so wirst du ein Treffen mit ihm erleben
vielleicht den größten Schmerz im Moment des Schlages spüren
und du wirst weglaufen wollen, doch du wirst gelähmt liegen und frieren
denn er hat dich von Anfang an gesehen und bisher nur wenig zu dir gebückt
doch er wartet - bis er dich pflückt.

Gegangen

Nun bist du gegangen
        dein Bett ist noch warm
und deine Worte sind verklungen
        der Schmerz biegt mich krumm
denn du warst nicht zu halten
        mit keiner Liebe: Maßlos ist der Tod
und du hast zuletzt so tapfer geschwiegen
        gegen des Abschieds Not
doch du hast bis zuletzt ohne sichtbare Panik geliebt

wie ein Blatt das sich mit wenigen Fasern gut festhält
um dich freundlich. Sanft gegeben was auch geschieht
   - doch zuletzt konntest du nicht mal mehr sagen, wie du fällst.

Eines Morgens, eines Nachts
Du wehrst dich, denn du willst weiterleben
denn selbstverständlich willst du nicht gehen
doch ich habe für dich nur ein Streicheln und ein "ruhe dich aus"
denn ich kann dich nicht halten: Du gehst aus dem Leben hinaus
und findest wohl keine Welt mehr, um dich dem Pulsieren hinzugeben
- und so sind es nun letzte liebe Grüße, die bald verwehen
denn die zarte Berührung ist nun alles, um dir den Weg noch etwas zu bereiten
ich habe nichts anderes mehr um dich noch ein Stück zu begleiten
und so geht Minute nun um Minute ins Nichts
eines Morgens, eines Nachts.

Unsere Welt
Heute oder morgen gebe ich meine Kleider ab
   sie bleiben hier und sind bald dein
denn die Zeit, Worte und Umarmungen werden nun knapp
   die Schuhe bleiben im Flur und ich trete nirgends mehr ein
und ich muss mich bald wieder mit der Erde verbinden
   gefordert ist die Bezahlung der Lebenszeit mit einem Leben
doch ich will noch nicht fort und dich täglich zart wiederfinden
   ist davon vielleicht auch nichts mehr mitzunehmen
jedoch bleiben meine Bücher und Bilder als Erinnerung noch eine Weile zurück
   und die meisten Ängste werde ich bis zuletzt für mich behalten
so betrete also mit mir auf meinem letzten Steg - noch ein kurzes Stück
   möglichst geräuschlos und zärtlich sei nun dieses Fallen
wenn wir uns heute nochmals spüren und hören
   und räume meine Sachen nicht gleich auf - meine Unordnung war mein
Reich
und küsse mich – denn damit können wir das Zerbrechen nochmals stören
   und es soll uns helfen, denn gleich ist nichts mehr so wie es war - gleich
denn ist dieser Raum auch bald verlassen
   so möchte ich dich doch über alle Zeit hinaus umfassen
darum vergiss heute nochmal mit mir zusammen die enteilende Welt
   - und siehe erst später, wie rasch sie steigt und fällt.

Was hilft das schon?
Schau dich an: Wie weit wirst du noch kommen?
Wie oft werden Herbstblätter für dich noch bis zum Meer schwimmen?
Oder ist deine letzte Jahreszeit schon nah
auch wenn dein Blick es bisher nicht sah?
Spürt dein Geist schon das Wasser und die Erde
wenn sie in dich dringen mit all ihrer Kälte und Schwere?
Wie sehr hilft dir das Denken an den Moment
der meist zu früh kommt und den man oft vorab nicht kennt?

Liebende
Wer ist je bereit
für das Ende seiner Zeit?
Wer fürchtet nicht den Moment
der keine uns bekannte Zukunft kennt?
Wem zittern nicht Sinne und Geist
wenn der Tag nur noch kalte Erde verheißt?
Und doch wird die Verbundenheit der Liebenden nie enden
und so kann die ewige Nacht nie so ganz ihre Seelen finden.

Tod
Ich geh gewiss voraus und du kommst später nach
denn wenn es dunkel wird ist nur gewiss, dass ein Hiersein zerbrach
und mit jedem letzten Abschied geht eine Seelen-Welt dahin
und ich kann dir nicht sagen wohin
wäre es auch am liebsten ein kurzes „Adieu"
für ein liebevolles wiedersehen? Die Frage tut weh
denn ich nehme etwas vom Schönsten mit, das war und ist:
Deine Liebe – die nie vergisst
- und so gehe ich voraus und du kommst sicher später nach
auf einem Pfad der Liebe – der nie zerbricht oder zerbrach.

Herz
Das Alter ist ein schlechter Scherz
für das ewig junge Herz
denn der Körper wird zur verschlissenen Hülle
mit weniger Liebeslauten und mehr Stille
doch man sucht immer weiter als ob das alles nicht wäre
bis zum Schluss kurz vor der Erde
und doch zeigt sich das Alter wie ein zutiefst missratener Scherz:

Denn jung und lebendig sein will auf ewig das Herz.

Grenzen

Was einst jung und zart begann
folgte bald dem verhängnisvollen Hang
mit den Jahren zerknittert, erschöpft und ungeduldig zu werden
- und das ist bitter, denn es ist nicht umzukehren -
und so kommt es, dass man mit zunehmender Alterslast
stärker bedenkt, was man einst und heute sein wollte und doch verpasst
und was sich mit der Zeit - und danach - noch entwickeln wird
sobald eine Holzkiste mit einem Stein darauf die eigenen Reste ziert
während die Seele zu den Wolken oder Würmern steigt
und man dann vielleicht stiller lacht, hadert – oder schweigt
denn hatte man sich zu Lebzeiten zwar fast wie ein König hochgehoben
und doch ist zuletzt von aller Größe nur ein Erdloch geblieben
und alle Menschen werden gleich
und das leider Knochen-bleich
- doch du hoffst, dass man sich „später" nochmals finde
weil eine Liebe so wunderbar verbinde?
So nutzt du voll Lebensfreude deine Fantasie
denn die akzeptiert die schnöden Grenzen der Lebenszeit nie.

Mit einem Griff

Stets sitzt der Tod mit am Tisch als ungebetener Gast
auch wenn du ihn nicht siehst und er noch nicht nach dir fasst
aber er wird irgendwann seine Hand und Sense heben
und du wirst nur noch in seine Leere sehen
die Brutalität seiner Nähe spüren
und du wirst dich schütteln und frieren
doch aus dem Haus wies ihn noch keiner
und deine Kraft und verbliebene Zeitspanne werden immer kleiner
und so wird er warten wie es dich Tag für Tag näher zu ihm rückt
bis er dich eines Tages mit einem Griff wie einen Apfel vom Baum pflückt.

Lebenslauf

Was du zuletzt noch hast und was es auch sei
am Ende heißt es nur: Gleich ist es vorbei
und du wirst einen unerträglichen Abschied irgendwie ertragen
vielleicht schreien oder stumm in dich gekehrt versinken oder verzagen
denn kein Protest und kein Lächeln schieben den Moment noch auf

- der schlimmste Fußtritt trifft uns erst am Schluss im Lebenslauf.

Verbunden
Mit dem Tod kann sich keiner versöhnen
denn niemand wird sich je daran gewöhnen
von der lust- und leidvollen Welt Abschied zu nehmen
um sich irgendwie in ein Nichts zu begeben
ohne ein zärtliches oder anderes Ziel
ist es auch auf Erden oft zu heiß oder zu kühl
- denn ob sich die Seelen danach nochmals finden
ist mit viel Ungewissheit verbunden.

Leise
Die Toten – sie melden sich nicht mehr zu Wort
denn sie sind nun mal – nah oder weit - fort
was wir mit einem Zwiegespräch manchmal überwinden
um die Liebe und Lebendigkeit einer Seele wieder zu finden
befindet sie sich auch mit Wasser, Winden, Erde, Bäumen und Blättern ganz leise
auf einer unendlichen Reise.

Einsicht
Die Einsicht, dass es ein Ende gibt
kommt früh und gründlich, wenn man es recht besieht
doch ändert die Einsicht nicht viel:
Ein gelungener Tag bleibt stets das Ziel
und noch ein Tag und immer so weiter
bis zum Schluss unserer kurzen Leiter
und solltest du an dieser Einsicht schwermütig verzagen
kannst du einen Psychiater oder Psychologen befragen
um mit ein paar Pillen, einem Vergessen oder netten Illusionen
dein Leben gemütlicher zu bewohnen
- doch so oder so er kommt der letzte Schritt
und der ist ein herber Hinterntritt.

Erschöpfung
Es tut weh
wenn ich dich so seh':
Die Siege verflossen
die Liebe verronnen und Tränen vergossen

reduziert auf ein Durchhalten bis zum Ende
ohne die Perspektive auf eine frohe Wende
denn gerne würde ich dir eine solche zeigen
- doch wie viel würde dir von einer solchen Wende morgen noch bleiben
wo deine Zeit nun schon so weit den Abhang hinab gerollt ist
dass du in deiner Erschöpfung gefangen bist?

Liebe und Erde
Grüße mir die Sonne
wenn ich zuletzt gehe
    und grüße mir den Mond
    er war von meinen Träumen bewohnt
grüße mir auch den Sand
er bettete uns zur Liebe mild
    und grüße mir die sanfte Ruhe
    auch sie war Teil meiner Suche
und grüße mir den wogenden Wald
denn sein Rauschen gab sanften Halt
    und lege auf die Holzkiste eine Blume
    als Symbol für ewig wiederkehrendes Leben aus kalter Erdenkrume
und dann finde mich wieder fern aller irdischen Kälte und Leere
- denn überwindet die Liebe nicht die kalte Erde?

Gäste
Wir sind stets Gast
kurz geduldet auf Erden ohne längere Rast
dabei von Lust und Schmerzen übergossen
die Freuden mühsam errungen und kurz bemessen
mit keinem Raum und keiner Zeit, um lange in sich ruhend zu verweilen
weshalb wir bis zur Erschöpfung laufen oder eilen
wissend und fürchtend: Schon bald werden wir eingesogen
von der Zeit und Alterung krumm gebogen
denn die Welt ist ein ruheloser Gastgeber
und Jäger und Fallensteller
dem keine Seele entkommt
so sehr sie auch hofft und rennt.

Ausgang
Der Tod ist der alles Verneinende
allen Fragen sich Versagende

der allen Blicken Abgewandte
jedem nahe und doch Unbekannte
fast wie ein Wesen und doch ohne Kopf und Hände
ein Raum ohne Boden, Dach und Wände
der nichts in Händen hält:
Er ist nur als Ausgang aus dieser Welt.

Sand
Unsere Spuren im Sand
führen mit den Jahren immer näher an den Rand
des Meeres, vor dem man dann noch eine Zeit lang steht
- bis man in die Fluten geht.

Ein Mann (Ati) zuletzt, im Krankenhaus
Als „alter Kämpfer" sollte der Tod ihn nicht besiegen
immer hatte er Stand gehalten - so wollte er nicht unterliegen
doch schon vor Tagen sagte er: "Ich glaube, ich werde verrückt"
denn es schien ihm, dass sein Gehirn wirre Bilder erweckt
und nun im Krankenhaus war nur noch die Frage: "Was soll ich tun?"
und Ich: „Du kannst jetzt nur ausruh`n".
Und so sagte er nach kurzer Pause: „Weiterleben."
Ich: "Ati, du kannst nur warten – mehr ist nicht gegeben."
Ati: "Ja" – und ich: "Ati, ich gehe jetzt - schlafe gut"
vier Stunden später kam der Tod
und es reichten keine Worte
für die Beschreibung der Seele auf ihrem Weg zur letzten Pforte.

Im nächsten Leben
"Im nächsten Leben"
so ist dein tägliches Denken und bisweilen Reden
denn du möchtest über den Horizont hinaussehen
und so hoffst oder sprichst du um aufrecht weiter zu gehen
und dir deine Würde bei aller Enge und Bitterkeit zu bewahren
wenn sich deine Gedanken an der Vorstellung eines Neubeginns voll Liebe laben
- und so sagst du zu dir: "Im nächsten Leben"
um im Heute nicht noch mehr unterzugehen
denn deine Seele ist eigentlich schwerelos der Ewigkeit zugewandt
geschaffen für ein endlos grünendes, keimendes Leben und Land
voll Zärtlichkeit - und ist doch oft fern davon und geht dahin
und ein nächstes Leben? Ein Ende hat für das Leben keinen Sinn.

Irgendwann
Gewandert auf Prachtstraßen und schönen Pfaden
oder an schlechten Tagen verletzt durch Gemeinheit und andere Plagen
kommst du zuletzt vor einer leeren Kiste mit einem gähnenden Nichts an:
Und mancher träumt nun ganz besonders von einem netten Irgendwo und
Irgendwann.

Störung
Bis zum letzten Atemzug hat das Leben immer noch ein „es kommt noch was"
denn bis dahin gibt es immer noch ein zu füllendes oder volles Fass
wobei so manche/r das für sich nicht mehr recht findet oder spürt
- und der Schluss so oder so in jedem Falle stört.

Wolke
Du lebst vom Augenblick, nicht von der Ewigkeit
also bedenke das Heute und nicht das Wie nach deiner Lebenszeit
denn wenn du deinen Körper erst mal mit den Würmern teilst
kann es sein, dass du nur noch wie eine Wolke rasch verteilt irgendwo weilst.

Nachsinnend
Mit dem Gefühl das dies alles war
kam es, dass in deinem Herzen nichts Neues mehr geschah
womit du dir mit Träumen die Löcher des Tages stopftest
dich ducktest und bei den Hoffnungen nur noch leise anklopftest
und wartetest und still zusahst
wie und was du im Leben immer schon – und nie - warst
lebend auf einem dünnen und abgenutzten Bodensatz
mit manch mühsamem Scherz
- und so sankst du in dir zusammen und vergingst
während du über einen wunderbaren Himmel nachsannst.

Würmer-Antwort
"Gleich ist es vorbei" riefen die Würmer
„und du wanderst in unsere Mägen und wirst dabei immer dünner
denn ab jetzt wohnen wir in deinem Bauch und Kopf
und du verschwindest in der Erde bis auf deinen haarigen Zopf
sogar deine Zähne werden irgendwann mürbe und zersetzt

und von irgendeinem unserer Artgenossen verputzt
umgeformt zu purer Erde fast ohne Dreck
ohne Rückstände – du bist einfach weg
ausgekippt und versickert im irdischen Suppentopf
alles fort von der Zehe bis zum Kopf"
- so sprachen begeistert die Würmer mit fester Stimme
als sei das eine zufriedenstellende Antwort für unsere pulsierenden Sinne.

Erben
Manche Seele keucht
weil kein Erbe kommt oder vor dem Erbschaftsfall entfleucht
womit man schmerzlich erkennt: Es geht eine schöne Planung daneben
und es wird nichts mehr mit dem leichten müßigen Leben
denn das von Oma und Opa so mühsam Ersparte
haben die doch wirklich verbraucht – womit man umsonst darauf wartete
- doch warum konnten die nicht an uns Erben denken
und sich selbst stattdessen selbst noch ein paar nette Tage schenken?

Verpufft
Vieles endet schon im beginnen
und beginnt im enden
hingeworfen und wieder aufgehoben
aufgebaut und weggeschoben
herumgewirbelt oder liegengeblieben
geflickt oder zerrieben
stumm oder mit Geschrei
doch man ist lachend, klagend oder schweigend dabei
zumeist mit einem „mehr, noch mehr"
denn eine Leere wiegt besonders schwer
bis zu dem Schluss als Erde, Wasser und Luft
nach all dem beginnen und enden: Verpufft.

Wenn das die Antwort ist
Wenn der Schluss kommt: Unser „Ziel"
dann frage mich nicht nach dem „warum" und „wie viel".
Und wenn die Erde das Ende ist um „anzukommen"
dann schließe ruhig die Augen - es ist bald verronnen.
Doch wenn es zu schwer wird, im Ende zu bestehen
so frage mich: Werden wir uns wiedersehen?
Und ich werde dir sagen: Mit deiner Liebe wirst du ein Tor durchschreiten

hinter dem dich all deine Lieben von nun an unendlich sanft begleiten.

Wiederkommen
Lachen und Leid
Schmerz und Herzlichkeit:
Auch was uns täglich begleitet
trifft uns doch immer wieder unvorbereitet
verbunden mit der Frage: Wie weit reicht die Kraft?
Was haben wir überstanden und was geschafft?
Wo sind wir geborgen und was wird uns weiter hetzen
ruhelos treiben, bis die letzten Signale einsetzen
wenn ein Herz gegen eine kommende Stille anschreit
während es uns rastlos bis an die letzte Türe treibt?
Und wie verletzt bist du bereits durch Abschiede und Verlieren
während stille Hoffnungen immer noch deine Tage verzieren?
Und gewinnst du vor oder mit den letzten Atemzügen ein leises Summen
mit der Perspektive: Ich will und werde wiederkommen?

Ungebetener Gast
Für seine nahenden Schritte
braucht es keine Bitte
und sein Erscheinen
ist immer zu früh und zum Weinen
doch es geschieht
bevor man sich versieht
und kommt nie recht
denn er ist schmerzhaft und schlecht
und sein Wesen nie wie ein Morgenrot:
Der unerbetenste aller Gäste ist der Tod.

Gemunkel
Was für uns nicht körperlich erfahrbar ist bleibt dunkel
also einer Vorstellung oder eines Glaubens unklares Gemunkel
bestenfalls eine Projektion oder ein skizziertes Bild
dass vielleicht sogar fleißig geglaubt wird damit es lange hält
bis ein Leben in sich zusammen fällt
in einem Dunkel
während wir bis zuletzt lauschen: Kommt da nicht noch ein leises Gemunkel?

Alte Fotografien

Menschen sehen mich an
        die es nicht mehr gibt
doch ihr Blick zieht mich noch immer in ihren Bann
        obwohl schon viel Zeit zwischen dem Foto und dem Heute liegt
aber ihre Stimmen höre ich noch und manches Wort
        sie lächeln und laufen im Geiste mit mir weiter
und sind sie auch schon lange fort
        so hoffe ich doch, sie fanden ihre Himmelsleiter
als Lohn für ihre Mühen und Schmerzen
        sie hatten sich doch stets bemüht
um im oft gleichgültigen Leben zu bestehen und zu scherzen
        - und ein jeder ging verfrüht.

Spaß-Vermassler

Du sagst: Panik wäre falsch vor dem eigenen Ende
weil einen sonst die Verzweiflung rasch fände
also panzere man besser träumend und liebend sein Herz
und vertreibe so jeden Tag aufs Neue den Abschiedsschmerz
mit einem routinierten Lächeln und gut organisiertem Leben
und der stillen Hoffnung, uns wäre vielleicht doch eine Ewigkeit gegeben
bis man mit so blankem wie stummem Entsetzen sieht:
Nun ist es bald soweit und alles zu späht
- doch bis dahin hat man träumend schlau gelebt
auch wenn der Tod immer irgendwo in einer Türe steht
wie ein alter schlecht gelaunter Säbelrassler
und zuletzt als garstiger Spaß-Vermassler.

Antwort

Was bleibt von unserer Zeit?
Ein Grabstein als letzte „Kleinigkeit"?
Eine kurze Erinnerung vor dem ewigen Schweigen?
Und wie viele ungezählte Seelen verschwanden schon im Welten-Treiben
mit diesem immer gleichen Schluss?
Doch du siehst mich nur ruhig an und gibst mir einen sanften Kuss.

Herbst

Zum Geburtstag schreibst du: „Alles Gute zum neuen Abschnitt nach all deinen
Jahren"

und ich antworte still für mich: Auch dieses wird wohl ähnlich jenen, die schon waren
nur leichter abzusehen ist nun was noch bleibt
und was sich mit Kraft noch freundlich zeigt:
Ein Kuss, ein liebes Wort und eine Zärtlichkeit
denn rascher fallen zum Herbst die Blätter in den reißenden Fluss der Zeit.

Konsequenz
Keiner hat sich bisher vor der Zeit versteckt
denn einen jeden hat sie bisher rasch entdeckt
und Falten in jedes Gesicht gegraben
zum Zeichen, das es etliche Jahre waren
dazu Fesseln genommen und andere gegeben
- welche jeweils schwerer waren ist manchmal kaum abzuwägen -
und sie hat keinen verlorenen Moment verziehen
alles war und ist nur knapp geliehen
nichts daraufgelegt und nichts zurückgenommen
- also spiele nicht mit ihr um sie zu vergessen oder gegen sie zu gewinnen -
und schau dich an: Wie wenig die Zeit noch wiegt mit 60 Jahren
siehe nur, wie sie lauter murmelt: „Es war, du warst, wir waren"
und du spürst: Die Zeit hat dich schon ein Stück besiegt
dass der Körper mehr und manche Hoffnung weniger wiegt
- und die Konsequenz? Umarme mich, damit wir die Gegenwart gestalten
und mit einem Zuspruch und Lächeln einander festhalten
bevor das absehbare passiert:
Dass man sich vielleicht verliert.

Flehen
Da liegst du nun und es naht der letzte Abschied
das Leben ist nicht länger dein Wandergebiet
die Augen hältst du geschlossen und die Hände halb offen
wartend und lauschend dem eigenen Herzpochen
und die Lippen, die dich berühren, können kaum noch etwas sagen
das kommende Nichts ist dunkel und doch nicht zu ertragen
denn das Entsetzen können auch die Erinnerungen nicht mehr einkleiden
nackt wird die Seele den Abschied erleiden
und doch mit einem stummen Flehen:
Weiterleben.

Bis zum letzten Zahn
Zuvor froh und munter
geht auch die munterste Seele am Ende unter
doch trotzt sie lange dem Zeitenschlund
und sieht weniger Angst-starr in den Zeitenabgrund
als eine verbitterte Seele, die grantig schaut
weil sie unablässig ihre Schmerzen durchkaut
wobei ihr jeder aufmunternde Geschmack abhandenkam
während der lächelnden Seele das Leben immer noch schmeckt – und sei es mit
einem einzigen Zahn.

Spuren
Kaum noch ein Lächeln oder Tränen
dazu ein schwächeres Sehen und schwindendes Hören:
So zeigst du dich im Alter zunehmend in dir verkrochen und gefangen
und legst ein tiefes Schweigen über deine Erschöpfung und dein Bangen
denn es ist und war im Rückblick ein kurzer Weg hinauf und ein langer hinab
und du weißt, dass der Weg irgendwann keinen Boden mehr für dich hat.

Weg
Wie tief sich deine Träume auch ducken
wie sehr du dich bemühst wegzugucken
weil die Vernunft sie prüft und zusammendrückt
während sich dein Herz nach Geliebtem und Erreichbarem streckt oder bückt
um Freude und Liebe aus dem Alltag heraus zu lesen
sich einredend: Das ist noch lange nicht alles gewesen
denn der Morgen hielte für dich noch viel Gutes bereit
und die Vergänglichkeit schenke noch so manche Möglichkeit
so wird es doch gewisser, härter und Felsen-schwer:
Der Platz neben der Erinnerung bleibt zunehmend leer
und das heute tritt hinter den Träumen und Erinnerungen zurück:
Immer kürzer wird des Weges verbliebenes Stück.

Warten
Es kommt der Tag
der unabwendbar dein letzter ward
und an dem die letzte Lust entweicht
weil nichts mehr vorheriger Übung gleicht
und das Rauschen der Wellen verfließt
weil die Seele sich tief in sich verschließt

und das Ohr nur noch sein eigenes Summen hört
während eine Angst allen Zeichen des Stillstandes nachspürt
bis ein Schweigen den letzten Abschied bedeckt
und der Atem flacher und flacher sich versteckt
während das Warten Sekunde um Sekunde weiter führt
damit man jeden Augenblick nochmals spürt
- so kommt der Tag
an dem alles verloren ward
und nur eine Liebe uns so lange hält
wie man fällt und fällt.

Erhalten
Wie kann man Untergang und Selbstaufgabe beizeiten üben
um nicht am Ende enttäuscht und maßlos zu frieren?
Gar nicht - man kann nur seine Nerven umhüllen
mit Rückzug in erträumte Welten den Schmerz ein wenig stillen
und alle Hoffnungen, Illusionen und Märchen lebendig erhalten
indem man etwas davon lebt – oder die Gedanken vital walten
und nicht nur den Abschied sehen
mit dem sie untergehen.

Heute
Es ist des Schicksals schnöde Tücke:
Irgendwann zerlegt es dich in Stücke
und kehrt dich als Häuflein zusammen
alle Pläne, Lust und Liebe verronnen
in einem ewigen Spiel von Erde, Wasser und Wind
- und deshalb zeige mir heute was deine Freuden und Sorgen sind.

Schluss
Der Schluss
ist zu unserem Verdruss
so fies
wie mies
weil die verschlissene Hülle nicht mehr recht taugt
und sich im Körper von den Jahren ausgelaugt
Schmerz und Kraftlosigkeit einnisten
womit wir die Tage weniger gestalten und mehr fristen
hoffend auf eine irgendwie stille Um- oder Einkehr
denn es wird immer klarer: Der Abschied schmerzt sehr

und das seit Anbeginn des Lebens
mit einer letzten Hoffnung von der es oft heißt, sie sei vergebens.

Abendrot
Abendrot -
Farbenspiel für des Tages Tod
- und wie viel war dir heute möglich?
Was ging verloren und was war zugänglich?
Was hat sich heute geöffnet oder verhüllt?
Was hast du aufgegeben, was zerknüllt?
War da eine gleichgültig verletzende Stille?
Und was war dein ungehörter Wunsch und Wille?
War es eine Liebe als Boden und Licht?
Oder ein wackeliger Steg, der fast bricht?
Was siehst du heute im Abendrot:
Einen neuen Tag oder eher des Tages Tod?

Scheinbar leise
Wenn es stiller wird
und der Blick eine unsichtbare Ferne fixiert
die Hand schwächer nach einer anderen greift
das Schweigen über den Tag hinaus reicht
das Verrinnen der Zeit sich ständig in die Gedanken drängt
die Sinnlichkeit den schönen Bildern nur noch kurze Blicke schenkt
und doch noch nach Nähe und Zärtlichkeit verlangt
tief drinnen wie früher hofft und bangt
- dann kommst du an das Ende deiner Reise
und nur für andere wirkt das ruhig und leise.

Ewige Kräfte
Du hast es fast akzeptiert: Du wirst zunehmend alt
und es ist mehr und mehr Routine, die deine Tage aufrecht hält
und die Gewissheit: Dieses und jenes ist nie mehr zu erreichen
und die Dinge werden dir zunehmend entgleiten und entweichen
und so kommen zunehmend Momente, in denen nichts mehr leichtfällt
auch wenn dich deine Sinnlichkeit immer noch in Atem hält
doch das Loslassen wird drängender, aber nicht leichter
nur gewohnter, resignierter, nicht heiter oder weicher
und die Zerbrechlichkeit und Einmaligkeit wird bewusster
weniges sicherer, aber vieles gewisser

und doch hoffst du still, es möge kein Ende geben
wohl wissend: Die Hoffnung geht vermutlich daneben
aber du willst nicht enden und keine Liebe soll brechen
- und so möchtest du, dass ewige Kräfte über dich wachen.

Gleichgewicht
Mein Leben:
Warum musst du dich so rasch niederlegen?
Denn du gehst aus dem Nichts dem Nichts entgegen
wie Sternschnuppen, die sich zu rasch bewegen
weil sie unaufhaltsam vorüberziehen
als könnten sie nur kurz aufleuchten um dann ins Dunkel zu fliehen
wie ein kurzer Pinselstrich vor dem Hintergrund der ewigen Nacht
und niemals mehr ein zweites Mal gemacht
so einmalig wie oft unscheinbar und doch kühn
ergreifend und spannend, auch wenn sie rasch vorüber zieh'n
- warum und wohin also gehst du so rasch, mein Leben?
Und kann es dennoch ein bleibendes Gleichgewicht geben?

Abend und Morgen
Immer schien es als beginne jeden Tag eine neue Fahrt
und als wäre da noch viel Zeit die einem gegeben ward
- doch heute siehst du den langen Weg hinter dir
und die rasch abperlende Zeit - und du mit ihr
denn schmaler wird der verbleibende Weg
und die Tage verengen sich zu einem schmalen Steg
aber du willst weiter einen uferlosen Moment
dass keiner als letzter zerspringt
an einem Abend oder Morgen
- doch bald kannst du dir keinen Augenblick mehr von der Ewigkeit borgen.

Einsicht
Du willst die letzten Lebensjahre aufrecht bestreiten
und dir dafür einen ausreichenden Gefühlsvorrat vorbereiten?
Also lachst und liebst du um nochmals kräftig vorwärts zu schreiten
dass dich gute Erfahrungen durch Sonne, Sturm und Regen begleiten
- und ist dann die Schlussphase zusehends präsent
hoffst du, dass der Erinnerungsvorrat noch lange in dir brennt
wobei die Reichweite eines solchen Rucksacks bisweilen überraschend ist
wobei du zuletzt nur feststellen kannst: Es reichte – oder war Mist.

Unvollkommen

Dreht sich die Erde auch voll Sinnlichkeit, Schatten und Glanz
so kommen wir doch nie zu einem anhaltend zufriedenen Ende so ganz
denn unvollkommen bleibt jedes Leben bis zuletzt
bist du auch bedächtig gelaufen oder wild gehetzt
so bemerkst du doch spätestens so gegen Schluss:
Am Anfang waren Schmerzen und am Ende Verdruss
erst in die Welt zu finden und sie und sich zum Guten zu wenden
um nun unter zunehmenden Mühen beladen irgendwie mit Würde zu enden
während sich die Erde unbeirrt weiter dreht
bis man leider nicht mehr auf ihr steht.

Nichts gleich

Du Totenreich:
Wem bist du gleich?
Nur der Dunkelheit?
Oder als Nichts nicht mal ein Schatten ewiger Zeit?
Und doch sind Milliarden Seelen zu dir gekommen und in dir verblasst
fern des Lebens und aller Lust
weshalb auch nie jemand sah
was dein Reich ist und war
erfüllt von grenzenlosem Schweigen
zwischen Erde, Sand, Sternen und Steinen.

Reisende durch die Ewigkeit

Die Frage: Was bleibt nach dem Tod?
stellt sich mit den Jahren mit zunehmender Gewissheit und Not
doch wie man auch fragt, die Antwort bleibt so kurz wie schwer:
Was man sieht oder ahnt ist es wohl ziemlich wenig bis nichts mehr
- doch da sind zum Glück noch die Liebenden, die sich vielleicht wiedersehen
und Arm in Arm durch die Unendlichkeit gehen.

Laut und leise

Funkensprühend aufgelodert
alles gewollt und vieles gefordert
laut und vehement
verbunden und getrennt
gewärmt und ausgebrannt

zusammengefallen und verglimmt
- so geht es vom Entstehen und Schweben bis zum Fallen
und zuletzt vernimmt man nur noch ein immer leiseres nachhallen.

Existent
Nachdem nur Sinnliches erfahrbar ist
ist der Tod nie sinnlich existent – und das ist eine kluge Lebenslist
denn so ist er in seiner Endgültigkeit stets nur bei anderen zu sehen
während wir neben ihm und auf ihn zu gehen
denn da er erst zuletzt alle Sinne raubt
geschieht es nie, dass man mit allen Sinnen an ihn glaubt
denn wenn er kommt gehst du mit ihm ohne Sinne weg
und merkst das Letzte kaum – wenn auch mit tiefem Schreck.

Nie wirklich
Das Ende? Nein, noch nicht
zeige mir nochmals dein Gesicht
und küsse mich auf den Mund
denn das Herz ist wie eh und je gesund und lebenswund
und braucht all die Pflaster der Zärtlichkeit
- für ein Ende ist niemand wirklich bereit.

Bis man geht
Die Tage abgelebt
Visionen langsam abgelegt
ermüdet und erschöpft
geknickt manche Hoffnungen geköpft
Erwartungen verschluckt und ihnen doch nie entflohen
dafür von Gleichgültigkeit und Monotonie eingesogen
geübt im Abstumpfen und Vergessen
und viel zu viel Zeit geduldig abgesessen
- so wird man weiter rennen, sich ducken oder strecken
auch wenn einen Schrot und Steine treffen
und jeder Splitter unter der Haut stecken bleibt
die Seele überzogen von einem blaue-Flecken-Kleid
bis man – oft nicht genug gelebt -
dann letztlich wider Willen geht.

Hohn

Als ich noch jung war
- es kommt mir vor als ob das erst gestern war
und als ich noch ein Jugendlicher war
- es fühlt sich an als ob es erst vorhin war
und als ich älter wurde
- blieb mir jeder Tag dennoch jung und nah
und wenn ich dereinst gehe
- so ist dies bis zum letzten Atemzug nicht wahr
denn die Vergänglichkeit sei doch bitte eine Illusion
- denn akzeptiert das Herz der Endgültigkeit bitteren Hohn?

Einem Meer entgegen

Der eine geht, der andere bleibt zurück
und mancher vergeht stumm in seinem Unglück
während ein anderer noch schimpft und schreit selbst im Schönen
und sich empört, kann er sich nicht über andere erhöhen
ist auch der nächste still, voll Geduld und Freundlichkeit
und verschenkt trotz seiner Schmerzen Kraft und Zeit
denn er ist zu Lieben bereit
so behutsam als gehöre ihm die Ewigkeit
während ein anderer an sich verbrennt hinter seinem Gesicht
denn er hat in sich kein warmes, ruhiges Licht
erfüllt von harschen Worten, die dennoch unerhört verhallt
wartend und fragend, zynisch und kalt
- und alle treiben wie Blätter in einem Bach
mal warm, mal kalt, mal tief oder flach
stets einem unsichtbaren Meer entgegen
das da heißt: Vergehen.

Wolken und Winde

Man wird irgendwann sagen: Dies war mein Leben
und bemerken: Es war sehr begrenzt und ging auch mal daneben
ausgefüllt mit einem täglichen beginnen, suchen, durch- und ablaufen
stetem auseinanderdriften und sich zusammenraufen
wie auch hoffen – denn es ist noch nicht ganz verbraucht
denn die restliche Zeit ist noch nicht ganz verraucht
und vielleicht wird man nie so ganz von der Erde verschwinden
sondern irgendwie weiter ziehen mit den Wolken und Winden.

Ausbruch
Mit stillem Graus
bricht es aus dir heraus:
„Viele Jahre sind schon verschlissen
wie Blätter von einem Kalender abgerissen
und zu Boden gefallen und verweht
wobei das Übelste noch kommt: Man vergeht
denn die Lebenszeit hat sich nur allzu bald abgenutzt
und so kommt der härteste Einschnitt in dein Leben zuletzt
- wobei dir zu dieser Feststellung aber nur ein „Es ist ebenso" bleibt
und man deshalb über das ärgerliche Ende besser schweigt.

Niemand
Niemand will den letzten Schritt
denn der ist der übelste Tritt
in ein Loch ohne Sinn, Sinne und Sein:
Still, schmerzhaft und bizarr - und allein.

Momente
Entzünden und verlöschen
umfassen und loslassen
zuletzt mit Resignation, Ohnmacht und Sorgen:
Doch heute wird noch mal gelebt – gestorben wird immer erst morgen.

Gut
Man wird am Ende einander sagen: Man hat sich gebraucht
und beruhigen: Man hat sich zusammengerauft
und man hat manches gefunden, was man nicht suchte
und es war gut – wenn man es als etwas Gemeinsames verbuchte
aber wie oft wird man erkennen: Es war nur ein Traum?
Und darum bilanzieren: Das visionär Geplante war es kaum!
Also wird der Schlussstrich am besten mit der Güte des Vergessens gezogen
und die Details werden nicht mehr abgewogen
damit bei aller verschluckten Enttäuschung und Wut
damit dies bleibt: Es war einigermaßen gut.

Was ist denn das?
Diese zerknitterte Haut
dies Schnarchen, durchdringend laut

und dazu diese Erschöpfung
mit dieser Ermattung
und diesem Kopfschmerz:
Das alles ist ein übler Scherz
mit einer heran kriechenden Lustlosigkeit
überdeckt von gaukelnder Witzigkeit
mit viel aushalten und warten
in einem immer kleineren Garten
- so ist das Alter, das dir nach und nach die Zähne zieht
und deine Seele weiter und weiter zusammen biegt.

„Ankunft" im Nichts
Da sitzen nun die zwei - in der Seele noch jungen - Alten
und warten geschäftig oder geduldig auf ihr Erkalten
und doch werden sie bis zuletzt nicht vom Ewigkeits-Traum der Liebe lassen
denn das Schweigen am Ende ist nicht zu fassen
weil man das Nichts nicht annehmen kann:
Im Nichts kam noch nie jemand an.

Falter
Das Alter
ist wie ein erschöpfter Falter
denn es drückt dich zu Boden
von deinem eigenen Gewicht herabgezogen
zwar noch mit bunten Flügeln
doch die tragen dich nicht mehr bis zu besten Hügeln
und täglich ferner liegen nun die früheren Ziele
- und am besten hat man nicht mehr viele.

Erinnerungen
Vorwurfsvoll sagst du: „Man kann nicht von Erinnerungen leben"
jedoch ist einem manchmal kaum mehr gegeben
denn es geschieht unabänderlich zum Schluss
dass man zunehmend von Erinnerungen leben muss
- womit die Klage, man könne nicht von Erinnerungen leben
nur hinderlich ist, sich die schönsten Zeiten nochmals anzusehen.

Alter und Seele
Der Körper altert, doch die Seele bleibt jung

und so gerätst du alsbald durch fehlenden Schwung
zwischen enge Mauern – fast einem Gefängnis gleich
denn deine Wege gleichen zunehmend einer Vertreibung aus einem verlorenen Reich
weil die Seele weiterreisen will und laufen und springen
doch stattdessen muss sie mit ihrer schwindenden Körperkraft ringen
während die Seele träumt und keine Erschöpfung kennt
von den geschwächten Muskeln jedoch zunehmend gehemmt
- und so wird deine Seele weiter brennen und du wirst darüber schweigen
um dir selbst in diesem Zwiespalt erträglich zu bleiben
und vielleicht wirst du dir selbst noch mehr loslassen empfehlen
um etwas ruhiger den Weg zu Ende zu gehen.

Alter und Friede
Der Frieden des Alters? Der wird nicht kommen
denn das Alter wird keine stabile Freude bringen
die dich trägt, streichelt und sich selber nährt
und die lächelnd und behütend bis zum Ende währt
denn stattdessen wird es die Müdigkeit des Alters geben
um über die Wünsche ein dichtes Netz der Abschiede zu legen
bis so manche Bitterkeit aus deiner Hilflosigkeit fließt
während eine Ohnmacht gütig die Schmerzen und Erschöpfung umschließt.

Beben
Zeit und Verschleiß schreiten unablässig fort
und sie deuten immer eindringlicher auf jenen Ort
an dem es stets zu früh für uns zu Ende geht
weil die Seele immer weiter jung hofft und bebt.

Grabsteine
Nur Namen werden in jeden Stein auf einem Grab gehauen
aber nicht: Sie schafften es einander liebend zu vertrauen
auch nicht: Der Tod hat ihnen zu früh den Atem entrissen
oder: Sie wurden Zeit Lebens in einen Abgrund von Missachtung und Bitterkeit
geschmissen
oder es wurde mit ihren Hoffnungen gespielt und in all ihrem Leid war kein Segen
zudem trachteten Mächtige danach sie in unsichtbare Ketten zu legen
- von alle dem ist nichts auf einem Stein zu lesen
nicht von den Wunden und Umarmungen, die bis zuletzt der Alltag sind gewesen
und doch zeugt jeder Grabstein von einer tiefen Verbundenheit
von vergangenen Wegen durch manche Hingabe und Verlorenheit

- und dem Wunsch einander wieder zu begegnen
um einen ewigen Weg zusammen zu gehen.

Zeit
Dauer ist nirgends auszuborgen
denn wenn du darauf wartest hast du den Moment schon verloren
mit all den kurzen Blüten der Zeit
rasch verschluckt von der Ewigkeit.

Pochen
Immer lauter pocht es an deine Seelentür dunkel und schwer:
„Niemals mehr, niemals mehr"
und liebst du dich und andere auch noch so sehr:
Schwächer wird deine Gegenwehr.

Stumm erwarten
Eines Tages steht der Tod vor der Tür
und sagt: „Nun komme ich auch zu dir
und gehe nicht mehr fort
denn ich geleite dich zum letzten Ort"
womit er seine Hand auf deine Seele legt
und dich unbestechlich mit sich zieht
ohne etwas über den nächsten Schritt zu verraten
- so musst du sein Kommen stumm erwarten
was dir schwer fällt
weil es dir in dir meist recht gut gefällt
zumindest, weil du kaum eine andere Wahl hast
ist es dir an manchen Tagen auch eine Last.

Rabe
Ein Rabe
hockte auf einem Grabe
und krächze im Wind
über jenen, die schon lange gegangen sind
und es war ein rauer Schrei
als rufe er jemand nochmals herbei
auf das er abermals lebendig werde
aus und über der feuchten Erde
wenn auch vielleicht mit eingefallenen Wangen

doch mit all den vergangenen Freuden und dem Bangen
- doch nach 10 Minuten erhob er sich wieder zum Flug
dass der Wind ihn weitertrug
und nichts als Stille lag wieder über dem Grabe
und im fortfliegen klang es so, als lache der Rabe.

Schiff

Wie kann man seinen Untergang am Ende üben
um zum Schluss nicht frierend da zu liegen?
Man kann es nicht, sondern nur die Nerven umhüllen
um mit einem Blick in erträumte Welten den Schmerz etwas zu stillen
oder die Visionen von einer eigenen Ewigkeit fest zu halten
auf die man hofft, solange Sinne munter walten
um irgendwie eine Zukunft zu sehen
- bis wir wie ein mit Hoffnungen beladenes Schiff untergehen.

Irgendwann

Heute dachte ich würde ganz in mir ankommen
        doch das Schicksal war schneller: Ich kam nirgends an
denn ich hoffte, der Tag würde mich befreiend nach Hause bringen
        doch es blieb ein weiter eilen, bei dem man keine sanfte Dauer erreichen
kann
und der Herbst und Winter des Körpers bedrängt nun immer mehr meinen Sommer
        und es bleibt ein stummes Aushalten, das immer stärker um sich greift
und die Zeit zeigt mit ihren hageren Fingern auf den Winter
        mit seiner Erstarrung – während der Abschied weiter reift
aber noch stehe ich und es treibt mich ein ruheloser Wind
        auch wenn ich vermute: Zuletzt kommen wir im Nirgendwo an
wie Blätter, einst farbig und vielfältig, doch abgerissen bis sie Erde sind
mit einer kleinen Hoffnung: Das Nirgendwo erweise sich als ein neues Irgendwann.

Jeden Tag

Wenn der Tag seine Wärme ablegt
und der Nacht entgegen geht
dabei eine Erschöpfung oder Bedrückung aufzieht
und man im Dunkeln wieder Einsamkeit und Ende klarer sieht
brauche ich deine Seele und deine Arme
dass ich dich und mich halte und wärme
und nicht schwinde wie das sinkende Licht
und zu viel vom Lebensstrang abbricht.

Bereit
Wir kommen
und wir gehen
und was zuletzt bleibt
sind Steine, unter denen man begraben liegt und schweigt
für die Anderen eine Erinnerung und ein Gesicht
dazu Erbstücke, Möbel und Kleider - mehr nicht
und die Gebliebenen gehen weiter
manche stiller, andere heiter
und sie blicken vorwärts oder ein wenig betroffen zurück
auf ein einstiges Lachen, einen Schmerz und ein Glück
versunken im Ozean der Zeit
- und wenn wir uns überraschenderweise wiedersehen? Ich wäre dafür bereit.

Das klärt sich am Ende
Die Perspektive eines ewigen Lebens ist ein altes Glaubens-Verkaufsargument
und es gibt kaum eine Religion, die das nicht irgendwie kennt
keine, die nur sagt: Du trittst ab, zerbröselst, dann es ist aus und vorbei
nichts war es mit der Ewigkeit oder Wiederkehr nach all der Plackerei
- doch über die Verlässlichkeit wird nur wie im Kleingedruckten von Versicherungen gesprochen
weil es nur ein Glauben ist – nichts versprochen und damit nichts gebrochen
doch dafür mit Überzeugung und Geld für Pfaffen und Kirchenfürsten innig gepflegt
bis sich das mit dem Tod auch noch von selber legt.

Abend
Du hast dir vorgenommen: Du willst lieben mit allen Sinnen
und damit und dafür täglich neu beginnen
mit allen mühsamen Zwischenstationen
die wir dafür durchschreiten und bewohnen
während wir suchen, erfassen, verbinden und loslassen
bis die Kräfte ermüden und verblassen
und man zum Lebensabend zunehmend hofft
dass ein Herz zumindest sanft weiter pocht.

Ende
Käme das Beste zum Schluss
so wäre dieser Zeitpunkt der schönste Genuss

doch leider kommt da ein bitterer Abschied dem irgendwann zuvor
und man erkennt im Rückblick: In der Vergangenheit durchschritt ich manch geschmücktes Tor
doch nun ist der Weg dahin zurück verschlossen
und du wirst ohne Genuss gehen müssen
was dir die Laune ziemlich versaut
- das Ende ist nicht ideal gebaut.

Anfang und Schluss
Das Leben beginnt mit einem Schrei
und geht am Ende mit einem Stöhnen vorbei
dazwischen bewegt von Lieben, Lachen und Weinen
zärtlich und brutal – und zum Schluss wie am Anfang auf wackeligen Beinen.

Geheimnisse
Du fühlst dich zu alt, um noch Geheimnisse zu haben?
Dein Körper sei zu schlaff, um dich noch an stürmenden Sinnen zu laben?
Die Gedanken werden zu grau, um nochmals ein prasselndes Feuer zu entzünden?
Die Nächte zu matt, um abermals eine Liebestrance zu ergründen?
Es wäre nun an der Zeit, auf einen nicht zu starken Pulsschlag zu achten?
Vermehrt nach gutem Essen und Wein zu trachten?
Das Meckern des Körpers mit Pillen zu betäuben?
Die Bisse des Verfalls trotzig zu verleugnen?
Und an längst vergangene Geheimnisse zu denken
um sich damit noch ein Lächeln zu schenken?
Doch es ist immer noch schön, Geheimnisse zu haben
und sich an der Vorstellung ihrer Erfüllung – auch über den letzten Moment hinaus - zu laben

Kante
Einmal nur bin ich auf dieser Welt?
Diese Endlichkeit ist nichts, was mir sonderlich gefällt
denn sie rennt und verschlingt meine Zeit
für den Spurt und Ringkampf bin ich eigentlich nicht bereit
- und doch nehmen wir mangels Alternative den Kampf auf
suchen einen netten Rhythmus in diesem stürmenden Lauf
so lange das noch irgendwie geht
auch wenn der Sturm uns unablässig weiter weht
bis zu diesem dummen Fingerschnippen
mit dem die Jahre uns über die Lebenskante kippen.

Vermeiden
Man möchte meinen
man müsste laut weinen
wenn das Ende greifbar nahe rückt
und man merkt wie wenig noch glückt
wobei jedoch manche Menschen äußerlich eine Gelassenheit bewahren
als würde die Zeit sie nie aufbahren
weil sie wenig vom letzten Schmerz zeigen
auch wenn alles zerbricht – und darüber schweigen
als letztes Geschenk an die, die noch bleiben
um den Schmerz des Schlusses ein wenig zu vermeiden.

Nächstes Jahr
Eine verblühte Blume in meiner Hand
die vor Wochen ihren Weg zum Licht fand
hat die Wärme des Frühlings geweckt
und durch Wasser und Licht hoch gestreckt
um für einige Tage strahlend zu blühen
und nun schon wieder zu vergehen
- doch wenn sie nächstes Jahr wiederkehrt
so ist es wie eine erneute Geburt
im Kreis von kommen und gehen
aufstehen und verwehen
Jahr für Jahr
- und du: Bist du nächstes Jahr noch da?

Sandkörner
Durch die Ewigkeit
wandern wir eine kurze Zeit
mit Liebe und Hässlichkeit
Niedertracht und Schönheit
viele getrieben wie Sandkörner im Wind
hoffend, dass sich eine schützende Düne find`
bis wir merken: Nun werden wir fortgetrieben
um irgendwo liegen zu bleiben.

Nichts
Was für Worte und Gebärden

Freuden und Beschwerden
Gesichter und Launen
und welches schweigen, welches raunen
      reimt sich auf Nichts?
Also sprich nicht davon
weil Nichts nur nichts sein kann
obwohl es drohend sich auftürmt
und nichts die Seele und den Körper so bestürmt
      wie das Nichts
wenn es alles nimmt und zerbricht
nichts anderes ist als ein ewiges 'nicht'
dass nichts verschenkt und nichts bewahrt
nicht weich ist oder liebevoll zart
      sondern eben nur nichts
- so nimm mich, dass die Sinnen-wogen uns tragen
und wir alle Zuneigung und Freude wagen
dass unsere Zärtlichkeit nicht von uns fällt
die uns am Leben erhält
      bis zum Nichts.

In Saus und Braus
Ein Leben in Saus und Braus
ist schnell mal aus
denn ist plötzlich eine Ader verschlossen
oder hat man zu viel Alkohol genossen
oder steht das Herz plötzlich still
kann man hoffen was man will:
Es ist aus
mit allem Saus und Braus
und das nicht selten mit kurzem, aber heftigem Graus
denn fortan leben im Betreffenden nur noch Made und Maus
mit dessen Sarg als neuem Zuhaus'.

Wolken und Wind
So leicht wie Wolken und Wind?
Das ist es was viele schöne Hoffnungen sind
doch der wechselnden und wilden Erde gleich
spielt das Schicksal den Hoffnungen meist einen üblen Streich
spätestens wenn man das eigene Erdloch nahen sieht
dem man still und doch trotzig entgegen zieht.

Ozean
In Stille und Schweigen
müssen wir uns letztendlich alle verneigen
auch wenn das Wünschen zeitlos farbenfrohe Bilder gebiert
und manch stolze Geste und starkes Wort kurzzeitig triumphiert
so wächst doch stetig das Schweigen
bis wir wie Sand in einem unendlichen Ozean liegen bleiben.

Ankunft
Er/sie sank dahin und wollte nicht mehr
mit allem, was eben noch leicht war und schwer
und hauchte: „Nichts ist mehr das ich nun noch kann
und wenn ich nun gehe – wo kommen ich an?"

Ohne Umkehr
Abbruch und Aufbruch – wo geht es hin?
Nur weiter – denn schnell gehen wir dahin.

Mauer
Ahnst du schon den eiskalten Wind
der eines Tages einen Weg zu jedem find'?
Und all die Schwere
in kalter Erde?
Noch nicht?
Weil der Sturm sich noch an deiner Mauer der Liebe bricht?
Hast du noch genug Steine um die Lücken in der Mauer immer wieder zu schließen
dass noch keine eisigen Winde in deine Seelenkammern fließen?

Reden
Über den Tod willst du reden?
Ein Tuch aus Worten um und über ein kommendes Nichts legen?
Einen unendlichen Abschied umschreiben?
Um irgendwie weniger zu leiden?
Oder um vorbereitet zu sein?
Nicht so abgrundtief mit der Leere allein?
Oder um eine beständige Teilhabe am Universum auszudrücken?
So oder so muss sich deine Seele dabei mühsam winden und bücken
denn das Nichts am Schluss wird dir keine Antwort geben:
Die gibt es nur zuvor im Leben.

Bis zuletzt
Der Seele Schrecken und Schrei
ist dem Himmel einerlei
und der Haut Verlangen
bleibt oft im Verborgenen gefangen
wie auch der Sinne Suchen und Ringen
zuletzt zerrieben und niedergezwungen
wie der Hoffnung reiches und weites Sehnen
früher oder später beendet in bitterem Vergehen
- und so bricht irgendwann entzwei
was liebend verbunden war oder sei
denn nichts haben wir zuletzt auf Erden
um nicht zu Erde und Staub zu werden.

Leben
Lodernde Inspirationen
und glühende Visionen
phantastische Variationen
und berauschende Vibrationen:
Sie alle pulsieren in deinem Bauch
sinnlich, hungrig, stark und weich
flehend und suchend
wie auch wartend und rufend
- doch kaum etwas davon sieht man in deinem Gesicht
nichts von dem Dunkel oder dem Licht
und magst du auch innerlich dabei fast verbrennen:
Diesen Teil deines Lebens wirst du selten offen bekennen.

Zeit der Fragen
Es überrollt einen jeden das: „Es ward"
und der Frage: Was haben wir uns bewahrt?
Und wie oft haben wir gedacht: Du hast nicht genug erlebt?
Was wird unser Trost sein, wenn die Kraft endgültig vergeht?
Und welches liebe Wort ist und war unser täglicher Beginn?
Welche Umarmung schenkte feinen Sinn?
Welche Berührungen schenken uns noch Reisen
in den sich immer enger zuziehenden Kreisen?
Und was wird es sein, dass uns am Schluss noch hält?
Was eingerissen ist heute schon unser Seelen-Zelt?

Reiseplan
In ein Grab
sinkt irgendwann jeder einmal herab
- und was ist schon geschehen?
Ein ausgepumpter Leib musste gehen
und es riss eine Seele entzwei
verschluckte ihre Lust und ihren Schrei
denn eigentlich wollte sie ewig leben
doch leider ist das niemandem gegeben
hätte man auch noch so gerne jung und ewig gelebt
- doch irgendwann ist endgültig klar, dass dies nicht Reiseplan des Lebens steht.

Bald
Bald kannst - oder musst - du ewig ausruhen
doch leider erlebst du es nicht mehr als aktives Tun
weil dabei auch die Einmaligkeit deines Lebens entschwindet
wenn es dich wieder mit Erde, Wasser und Luft verbindet.

An irgendeinem Tag
Geliebt und gehetzt
angefasst und verletzt
hast du Papiere vollgeschrieben und bist du gelaufen
mit manchem Zweifel, Warten und schwerem Schnaufen
- und dann kommt der letzte Eintrag
plötzlich an irgendeinem Tag
der sich wie so viele vorher erhebt und neigt
doch nun endgültig bitter kippt - und dein Mund schweigt
denn was jetzt noch zu sagen wäre ist gleich einerlei
denn nichts hat mehr für dich das Ziel: Es sei.

Versuch
Vorbei und dahin
gehen Zeit und Sinn
und auf jedes Ent- und Ankommen
folgt ein neues Gefangen-sein und Verrinnen
und jedem sanften Bleiben
ein belastendes Scheiden
- und so kannst du klagen, böse witzeln oder still leiden:

Doch es ist leichter, du versuchst fröhlich – oder zumindest gelassen - zu bleiben.

Alter
Oh Graus
das Alter - wie sehe ich aus!
Da bleibt einem ja der Schrei im Halse stecken
denn nun sind die Spuren mit nichts mehr zu überdecken
also lächle ich beharrlich und trotzig den Spiegel an
weil ich weder lachend noch schreiend der Zeit davonlaufen kann
und denke mir: Zumindest bin ich nicht allein
denn du alterst mit mir – was es erträglicher macht, wenn auch nicht fröhlicher oder
fein
und darum wirst du es wohl auch bei mir nicht allzu scharf kommentieren
dass die Falten und Erschlaffungen uns nicht unbedingt verzieren
denn ganz bestimmt ist es noch ein weiter Weg bis zum letzten Graus
wenn es heißt: Es ist aus.

Dahin
Weiß` das Alter denn nicht, wie jung ich noch bin?
Sieht es nicht: Ich will nicht zu diesem Ausgang hin?
Hört es nicht: Ich möchte ewig liebend in dich fließen
und deine Stimme, Berührung und Wärme genießen?
Wie taub sind denn der Himmel und die Zeit
dass der fressende Zeiten-Fluss nicht stehen bleibt?
Kann er die Liebenden nicht ewig leben lassen
damit sich ihre Seelen immer umfassen?
Doch nichts davon verstehen der Himmel und die Zeit
und darum sind sie kalt, taub und blind über solches Glück und Leid
und wissen nicht s davon, dass man ewig fliegen will
innig, fröhlich, heftig, laut oder still
immer weiter dahin:
Darin liegt aller Sinn.

Die Zeit
Was einst jung und hübsch begann
ist nun so verlockend wie ein alter Schwamm
der eingefallen kaum noch etwas nutzen kann
    und was einst stürmisch flatterte, um hoch zu fliegen
    kam nun platt und fett auf dem Sofa zu liegen
    dass sich die Matratzen unter dem Gewicht durchbiegen

und die Lust, die einst so munter sprang
hat nun zum Faulen und Müden einen Hang
und wartet nur noch auf einen zufälligen Fang
     und die Euphorie und Abenteuerlust gähnen und bocken
     Reiter und Reiterin wollen nur noch entkräftet im Bett hocken
     und vermögen sich kaum noch anzulocken
weshalb es nun Zeit ist sich in die Kissen zu legen
und scheinbar zufrieden langsamer und erschöpfter zu bewegen
mit einem Schweigen als verbliebener Segen.

Scheinbar

Er (sie) sah noch alles - und schloss doch die Augen
denn er (sie) wollte nur noch still verweilen
und so umgab ihn zunehmend ein Schweigen
um allzu schmerzliche Erinnerungen zu vermeiden
und er ließ sich langsam los, denn er konnte weniger fest halten
wollte schweben - unsichtbare Schatten umgaben den Alten
und es sah so aus, als habe er sich von Leben gelöst
habe mit sich zufrieden manche Stunde verdöst
doch tief innen kränkten ihn Erschöpfung und Vergänglichkeit
denn für dies Ende ward er trotz des Alters nicht bereit
auch wenn er spürte, wie er dem Ende entgegen ging
und eine unendliche Stille ihm immer mehr einfing
was er alles spürte und sah
und scheinbar ohne Zorn und Trauer war.

Grabstatuen

Grabstatuen: Da stehen sie gehauen in Stein
als Gleichnisse für ein einstiges lachendes, liebendes oder leidendes Sein
denn verblieben ist nur eine in Stein geschlagene stumme Kunde
als Hinweis auf eine einstige Lebenslust - und manche Wunde
wovon bald auch für uns nur noch Steine künden
weil wir als Wasser und Erde nichts weiter finden
als Sand, Lehm und Dunkelheit unter einem Stein
verronnen das einst pulsierende Sein.

Zeit

Unsere Zeit
ist unser Kleid
und es ist stets kurz und eng

die Nähte brüchig und hier und da auch mal zu lang
der Saum zerfranst und der Stoff rasch verschlissen
die Knöpfe und Taschen schnell ab- oder eingerissen
und nichts ist wirklich neu zu nähen und umzuarbeiten
kaum etwas anzuflicken oder wesentlich auszuweiten
und täglich ziehen wir diesen Fummel über
und laufen mit ihm mal freudig und mal trüber
und es ist ein zunehmend weniger festes Kleid:
Knapp ist der Stoff unserer Zeit

Wunde
Ein Leben ist nicht geschaffen sich stets festlich zu zeigen
und nicht leicht genug, um sich unseren Wünschen willig zuzuneigen
denn es trampelt taub und blind auf vielen Sehnsüchten herum
belässt uns oft nicht mal einen liebevollen Trost und zieht uns mit den Jahren krumm
und bleibt immer ein Lauf gegen die Gleichgültigkeit und das Schweigen
eine Kurzweil mit kleinen Pausen in einem flüchtigen Verweilen
denn es stößt uns immer wieder aus und saugt uns ein
vergisst und zertritt manch mühsam gepflanzten Keim
während wir laufen und ringen, ruhen und warten
auf das, was einst oder nie war und für das wir doch ausharren
- besonders wenn wir uns nicht einen sanften Trost geben
indem wir uns umarmen und lieben
wobei auch dies so manche/r nicht schafft
weshalb am Schluss oft nur eine tiefe Wunde klafft.

Besuch der Würmer
Sie kommen bestimmt - doch sie klingeln nicht
denn sie versammeln sich um jedes erloschene Lebenslicht
und sie finden und sie winden sich
sie beißen und durchschlängeln dich
denn worum sich die Würmer kümmern
sind die fleischigen Happen in deinen Trümmern
wenn sie durch deine Augen kringeln
sich um Zunge und Lunge schlängeln
schleimig den geborstenen Bauch einsaugen
und dabei Rippen und Nasen abkauen
- wozu wir dann „Staub zu Staub und Erde zu Erde" sagen
während sie fleißig und hungrig an uns nagen
- doch sind sie genügsame Gäste
denn sie nähren sich vom Reste

bis auch sie wieder Erde sind
- und das geht bei ihnen mindestens ebenso geschwind.

Schaden
Alter:
Du machst aus uns erschöpfte Falter
in immer engeren Räumen
mit abgenutzten Träumen
und doch stets auf der Suche nach Leben
sogar nach dem Tode irgendwie der Seele gegeben
weil wir mit allen Sinnen pulsieren und hoffen
was auch bedeutet, dass da irgendwo ewige Seelen pochen
die uns wieder zu unserer sanften Liebe führen
auf das wir sie abermals spüren
- denn das Leben auf ewig verloren zu haben
ist ein so unerfreulicher wie nicht fühlbarer Schaden.

Zuletzt
Da sitze ich nun – und spüre mein altern
mit einem hüsteln, flüstern und poltern:
„Nichts wird wieder kommen
denn deine Kraft ist zunehmend verronnen"
und so spüre ich wie das Alter eiserne Arme um mich legt
dass die Luft nach und nach dem Brustkorb entschwebt
und wie es flüstert: „Siehe zu Boden – bald bist du dabei
denn als Sandkorn und Wassertropfen wirst du wieder Teil des großen Einerlei
und dann musst du rieseln, fallen und mit den Winden reisen
blind, taub und stumm – die Liebe wirst du wohl nicht mehr preisen
im Wirbel der Körner und Tropfen durch die Vergänglichkeit
also rede dir nichts ein: Mehr hat das Schicksal zuletzt für dich nicht bereit
und wenn du Verstand hast wirst du vor Bitterkeit kurz schreien
oder schweigen – denn nichts wird dir bleiben."

Staunen
Schatten im Dunkeln
erfüllt von Raunen und Munkeln:
Die Vergänglichkeit hat dunkle Münder und Augen
die an deinen Lebensvorräten saugen
als steter Räuber deiner Zeit und Kraft
weil dieser Dieb über alle Sicherungen gegen seinen Zugriff lacht

und so hörst du es täglich deutlicher: Der Zeit Raunen
und musst über die Beute dieses Diebes staunen.

Am Ufer der Zeit
Alles war zuerst zart und fein ausgewogen
aber nun wirkt es verbraucht, verschlissen und verzogen
denn ein früher so sinnliches Lächeln mit zartem Mund
sind nun oft nur noch durch reichlich Schminke bunt
- und doch suchen die Augen weiter nach Zärtlichkeit
trotz des rasch dahinziehenden Flusses der Vergänglichkeit
mit abgerissenen Blüten und Hoffnungen – davon geschwemmt
von den Jahren mitgenommen und abgetrennt
hin zur Abbruchkante der Zeit:
Der letzte Schritt wird keine Kleinigkeit.

Rest
Mit den Jahren
die schon ein Leben waren
rückt es näher: Das Erkalten
der einst Jungen und nun Alten
zunächst gestartet für ein Fest
und nun? Kommt der Rest.

Sanduhr
Wenn jeder Lebenstag einem Sandkorn gleicht
und der Sand in einer Sanduhr beschreibt, wie weit ein Leben reicht
weil jeden Tag ein Sandkorn rinnt
dann erkennt man, wie wenige sogar 30.000 Sandkörner sind
bis das letzte Korn fällt
und man kein Leben mehr festhält.

Anfang und Ende
Der Anfang ist jung und oft nett
die Mitte geordnet und adrett
das Alter zunehmend mühsam, matt und fett
und für das Ende bleibt nur der Erde kaltes Bett
- wobei man die letzteren zwei Abschnitte gern anders hätt'.

Stolzieren - und stürzen
„Was sollen wir tun"
fragt der Hahn das Huhn
„wenn der Bauer mit dem Messer uns naht?"
- denn wer wird schon gerne gepackt und gegart
gekocht, tranchiert, zerkleinert und gegessen
abgenagt und weggeschmissen?
„So sage mir nun, Huhn
was sollten wir tun?
Denn schau, wie rasch unser Ende naht
welche Freude die Welt für uns nur noch hat bewahrt
voll Stolz, sinnlichem Verlangen und fester Glieder
- sollte ich dir da nicht gleich munter ans Gefieder?"
Und so bricht ein Gackern los und Federn fliegen
Henne und Hahn sieht man rennen und aufeinander liegen
- und später nebeneinander im Suppentopf
beide ohne Gurgel und Kopf
delikat gebadet in Wein, Gemüse und Gewürzen
wie es eben im Leben so geht: Heute darfst du noch stolzieren, doch morgen
stolpern und stürzen.

Zeit
Am Schluss wartet ein Schlachter
ein Räuber, Verschlinger, Vernichter und Verachter
auf jeden Löwen und jedes Schaf:
So genieße heute noch mal deinen sanften Tag und Schlaf
und wende dich mir zu, dass wir uns festhalten und lieben
um keinen der guten Momente zu verlieren
bis sie in Erinnerungen verschwimmen
und in einer Stille entschwinden
- so liebe jetzt innig und gescheit
denn der große Vernichter lässt sich nicht lange Zeit.

Bleib
Schmerz: Was lässt du übrig von meinem Ziel?
Bitterkeit: Wie spitz und scharf ist dein scharfer Stiel?
Und die Freude der Sinne am eigenen Leib:
Wann ist das eine Schale, bedroht von Rissen und gefüllt mit Leid?
Erweist sich zu viel schon als zu mühsam und alt
als zusehends brüchig, schwer und kalt?
Spürt die Seele schon ihr Keuchen und Bangen

bedrängt von den Jahren, die schon zu viel verschlangen?
So schließe die Augen und lehne dich an einen sanften, vielleicht schon alten Leib
und flüstere zu ihr oder ihm: Bleib'.

Klage ohne Empfänger
Gar manche/r auf der Erde
stampft auf und schreit: Es werde
und geschieht es dann - wie meisten - nicht
verzieht man mürrisch das Gesicht
und schreit herum oder versumpft
zeigt sich abgestumpft, weil manche Erwartung schrumpft
auch wenn man dabei protestierend keucht
- und gleichwohl alsbald aus dieser Welt entfleucht.

Stumme Zeugen
Würde aus jedem was einst lebendig ward
lachte, erbaute, trauerte und starb
nur ein bleibendes Häufchen Erde
oder eine größere Scherbe
die leise von sich erzählt oder gerade noch hörbar weint oder lacht
wie ein Mensch einst von Traurigkeit und Freude ward bedacht:
Was für ein Rauschen und Raunen stiegen in die Höhe
tosend von Begehren, Liebe, Enttäuschung, Schmerz, Erfüllung und Leere
mit Gebirgen der Hoffnung – von keiner Zeit verschlungen
und voller Seufze, die niemals mehr verklingen
- doch all die Häufchen und Scherben zerbröseln und schweigen
und werden stets stumme und vergessene Zeugen bleiben.

Fallen
Der Enttäuschung ruhelose Hand
zerreißt leicht des Hoffens dünnes Band
und greift in den Magen und um den Hals
und drückt wie ein bergab stürzender Fels
- sind der Jahre Erwartungen entleert
und die Seele durch Alltag und Mühen versehrt
schien auch die Zeit einst Größeres zu versprechen
so sind nun zu viele Versprechen gebrochen
womit sich die Seele der Erschöpfung ergibt
und manches voll Wut oder Hass noch liebt
kaum noch fähig sich selbst zu halten und zu umfassen

bis es geschieht: Sie wird sich fallen lassen.

Lebensabend

Sie (er) wirkte zunehmend still und ausgepumpt
im Laufe der Jahre in ihrer alternden Hülle geschrumpft
und doch hatte sie noch die Augen einer Suchenden, Bittenden und Verletzten
einer immer noch innig Berührten und manchmal Gehetzten
auch wenn sie sich nun mühevoll durch die Tage schleppte
jedoch immer noch voll Stolz, der in ihr steckte
meinte sie auch, sie habe sich zu selten liebend verbunden
nie genug von den erträumten Glücksmomenten gefunden
aber sie gab nicht auf im Spiel von Gewinner- und Verliererin
für das Erlebnis der verbliebenen Sinnlichkeit als Sinn
auch wenn sie sich zunehmend schwer erhob
weil die Schwerkraft sie zunehmend zur Erde zog.

Raum und Zeit

Mit der Zeit
ist es mit der Seligkeit
wie mit einem alten Hausdach:
Unter immer mehr Risse und Fugen liegt man wach
und schaut besorgt oder fröstelnd empor
denn das einst sichere Dach öffnet nun der Kälte und Nacht Tür und Tor
und man sieht immer mehr von der dahinter liegenden Leere von Raum und Zeit
und ist noch lange nicht für die lichtlose Ewigkeit bereit.

Brettspiel

Wut und Streit: Eine Runde aussetzen
Geld und Urlaub: Drei Punkte vorsetzen
Schule und Alltag: Mal gehen und mal stehen bleiben
Liebe und Lachen: Glücklich verweilen – nur nicht eilen
neben aufräumen und putzen: Einen Punkt vor und einen zurück
essen, lernen und schlafen: Weiter ein Stück
mit Krankheit und Gebrechlichkeit: Liegen geblieben
und bei der Station Tod: Ausgeschieden
- so geht es immer weiter in diesem Spiel
das Erreichen einer weiteren Runde ist das Ziel
und wir würfeln und lachen und schimpfen dabei
- doch nach acht Runden zu 10 Jahren ist das Spiel meistens vorbei.

Nicht weniger

Die Papierblätter lagen noch vor ihm – doch sie blieben leer
so verstummte er und schrieb nichts mehr
denn das war sein Schlusspunkt bevor man ihn in die Erde legt
und kein neuer Tag mehr ihn nochmals bewegt
und so ist er still in ein Schweigen gegangen
die Zeit war siegreich: Sie hatte ihn gefangen
und so legte er den Stift beiseite und das Papier
und sah auf des Lebens Abfall und Zier
- und gerade in dem Moment wurde er gewahr
dass nun zwar vieles ruhiger, aber nicht weniger intensiv war.

Es kommt

Zuletzt hat er mit unendlichem Kummer Abschied genommen
kaum ein Wort gesagt - so ist er in die Dunkelheit gegangen
mit einer Bitternis über alle Gedanken gelegt
zuletzt nur noch kleine Zärtlichkeiten, fast unbewegt
und es blieb ein ins unendliche nachhallendes Adieu zurück
eine Hand, ein Streicheln - zu Ende ein Leben, ein Stück
einmalig entworfen für ein eigens Universum und Welten-All
bis zum stummen dummen Schluss: dem tiefsten Fall
und du sitzt daneben und tastest dich wieder zurück in deine Sinnlichkeit
hoffend, dass dir noch viel Zeit vor diesem Schlusspunkt bleibt
um noch viele Tage und Nächte innig und irgendwie zeitlos zu entfalten
- doch du weißt es: Auch du wirst dich nicht behalten
selbst wenn du mit List einen Glauben benutzt
hoffend, dass etwas Himmlisches dir den letzten Abschied wegputzt
was durchaus trickreich ist – denn wenn es sich als falsch erweist
so bist du bis dahin vielleicht etwas leichter gereist

Gehen

Das Ende bündelt alle Zeit
im Moment des Abschieds - und niemand ist wirklich dazu bereit
sobald man spürt: Die Kraft ist erloschen
und alle Zuversicht auf ein Morgen zerbrochen
mit diesem erschöpften Körper und dieser Haut
lange und mühsam erhalten und aufgebaut
doch nun verschlissen und fast verronnen
zusammengesunken vor dem Tor zum unendlichen Verstummen
- und doch sucht die Seele bis zuletzt eine Welt, die sie erhält
dass sie nicht wie ein Stein zu Boden fällt

in einem Universum der Gleichgültigkeit
ohne einen Aufbruch in eine neue Lebenszeit
wenn es geschieht an einem Tag wie scheinbar so vielen
dass wir gehen.

Der „Kunstgriff" des Glaubens
Es geht bergauf und bergab
doch zuletzt stets ins Grab hinab
bis zum Schnitter
- und das ist bitter
weshalb wir träumen dem Schnitter zu zeigen
wie es wäre ihn zu vermeiden
was nun leider nur glaubend geht
weil im Glauben nie Gewissheit besteht.

Wollte
Die Zeit behandelt uns alle gleich
und selbst Herr/in und Sklave/in verlieren zuletzt ihr Reich
denn die Mauern und Tore werden brüchig und von Erschöpfung bedrängt
zwischen zunehmend bröckelnden und engeren Mauern eingezwängt
flüchtend vor den anstürmenden Truppen der Vergänglichkeit
als den unaufhaltsamen Räubern unserer Zeit
mit einem Sturm auf jede Mauer, jeden Keller und jeden Turm
für eine letzte Verwandlung zu Erde, Wasser, Käfer und Wurm
- und so bleibt von allen Träumern zuletzt nur ein Stein
mit einem Namen – wollte er oder sie auch ewig glücklich sein.

Lebenslicht
Deine Seele: Sie erscheint dir manchmal schon matt
doch du bist immer noch hungrig und wirst nicht satt
und willst dich also weiter antreiben und musst doch aufgeben
sehend wie sie dir entgleiten: Deine Kräfte und dein Leben
die Balance gehalten nur noch durch Rückzug und Verzicht
- was eine hohe Kunst ist wo ein Leben langsam bricht -
vor einem kommenden Schweigen - mit nichts zu versöhnen
doch du wehrst dich und lässt dich nicht entmutigen, gar verhöhnen
und hoffst im Stillen auf ein ewiges Leben und glaubst es doch so recht nicht
denn brennen will jedes Lebenslicht.

Abschiedsrede

Nun heißt es: Das Leben - es ward
darum eine kurze Grabrede der anderen Art:
Sie (Er) wird in der Welt keine dauerhafte Lücke hinterlassen
und bis auf Sie (Ihn) können viele die Traurigkeit ihres Endes ganz gut fassen
denn sie hatte den meisten von uns Kummer, Sorgen und auch Ärger gebracht
sich und anderen das Leben schwer und schmerzlich gemacht
und darum werfen wir ihr heute in stillem Gedenken noch eine Hand Erde hinterher
möge sie in einem ihr unbekannten Frieden ruhen – für uns ist es jetzt weniger
schwer
und um der Gerechtigkeit willen sei noch hinzugefügt:
Sie (er) war zwar enorm selbstverliebt, doch dabei oft reichlich missvergnügt.

Schippe Erde

Dein Blick
geht nun schon weit zurück
auf Jahrzehnt um Jahrzehnt
doch an so manches hast du dich noch immer nicht gewöhnt
und immer klarer siehst du: Die Kraft wird täglich weniger sein
und du bist immer noch oft mit dir allein
und das, bis die letzte Schippe Erde fliegt
wenn dich das Nichts besiegt.

Kraft?

Das Alter ist es das dich plagt?
Das deine Vitalität Stück um Stück zernagt?
Dass die Anmut bei dir und anderen frisst oder dämpft?
Das Spiel der Lust öfter mal verkrampft?
Und deine Ausdauer rascher erschöpft?
Eine Hoffnung nach der anderen köpft?
Die Musik in Kopf und Herz leiser stellt?
Und dich – ruhiger und mühsamer – aufrecht hält?
Aber kannst du noch so intensiv im heute leben
um Lust und Freude in einen Kuss zu legen?
Und hast du es also getan?
Oder hast keine Kraft mehr auf der geneigten Lebensbahn?

Verweilen und neigen

Kannst du gut verweilen
neben der Erde Schweigen

begleitet von Freuden, Lust und Verdruss
bis zu der Kräfte und Hoffnungen Schluss?
Bis dein gekrümmter und ermüdeter Leib
Abschied nimmt – meist ohne Friedlichkeit
beim Sinken bis zum Schweigen?
Doch wir werden uns unendlich tief neigen.

Entscheidend
Den Ehering eines Toten:
Sollte der Überlebende ihn behalten?
So stellt sich zuletzt die Frage
nach der unsterblichen Begleitung einer Seele:
Ob ein Ring besser am Knochenfinger bleibt
damit dies dem später Nachkommenden den Weg besser zeigt?
Doch leben die Seelen der Liebenden ewiglich
so ist das Gold weder förder- noch hinderlich
denn sie dürfen einander wiederfinden
um ihre Seelen weiter zu verbinden
und kein Ring wird dies entscheiden
wo Liebe und Hoffnung weilen.

Wende
Wie es halt so geht:
Zur eigenen Beerdigung kommt man nie zu spät
doch jede einzelne ist eine zu früh und zu viel
weil der oder die da ging dies wohl nicht gefiel
jedoch vorher gefragt wurde Er oder Sie oder man selber nicht
es flackert und rußt nun mal so überraschend wie begrenzt das Lebenslicht
und wenn es dann in Sekunden oder quälend langsam verglimmt
bleibt nur die Feststellung, dass daran nichts stimmt
denn schlecht konstruiert ist die Natur, die einen so herzlos niederschlägt
dass keine Liebe, Lust oder Hoffnung einen mehr weiterträgt
sobald das maßlose Dunkel alles nimmt
in dem ein jeder irgendwann haltlos versinkt
- was einem nur noch offenbart
wie interessant das Vorherige zumeist doch ward
vor dem Verstummen am Ende:
Die Geschichte nimmt wohl keine gute Wende.

Heute

Noch geht er nochmals vorbei: Der Tod
schweigsam gegenüber aller Freude und Not
ein stummer Türsteher zum ewigen Schweigen
nur fähig und bereit uns sein Nichts zu zeigen
mit seiner alles umgreifenden Leere
und einer Dunkelheit voll erdrückender Schwere
ergreifend ohne uns an der Hand zu nehmen
mit Türen zu Räumen ohne lieben und sehnen
und es hilft kein aufbäumen, wenn er uns umschlingt
Augen, Mund und Haut seine Kälte aufzwingt
zum bitteren Schluss
mit stummem Kuss
- doch noch drückt er unsere Augen nicht zu:
So schenke dich mir jetzt und finde eine zärtliche Ruh'.

Glauben

Geredet und gelebt als gäbe es noch ein Leben danach:
So hält man sich durch Träume und Pläne wach
für eine Sphäre die nie vergeht
auf das immer etwas von uns lebendig bleibt und bewegt
was das Herz behütet auf seiner endlosen Reise
mit einer liebenden Geborgenheit in zeitloser Weise
- doch all der Blick auf ein Danach
zerbricht am Ende wie sie schon immer zerbrach
und doch wird es das Herz nie ganz glauben
um sich den eigenen Herzschlag nicht zu rauben
weil sonst der Verlust zu sehr schmerzt
und die Seele schon zu früh nicht mehr träumt und scherzt.

Ewigkeit

Jeden Tag treibt der Wind der Ewigkeit
uns ein kleines Stück weiter zum Rand unserer Lebenszeit
weckt und verdeckt den unstillbaren Durst der Sinne
sucht Macht und Unendlichkeit gegen alle Zwänge
gibt sich Lieder und Rituale gegen das wuchernde Schweigen
erfindet erregende, zärtliche und behutsame Weisen
in denen das Versprechen ruht, wir könnten ohne Tod leben
und uns im Herzen ewig jung und liebend einander geben
- doch wir wandeln auf einem schmalen und schwankenden Steg
der fast immer zu früh oder falsch zu Ende geht.

Bald
Um unsere Augen sammeln sich Schatten
kleine Furchen und Verwerfungen, die wir früher nicht hatten
und winzige Schluchten zeigen sich auf den Händen und am Mund
es sind immer mehr Schnitte der Zeit, dünn und wund
- aber in uns sind wir noch lange nicht alt
murmelt es auch am Seelengrund: Du vergehst – bald.

Eins vergeht, eins entsteht
Kalt und starr liegt das Land
unter des Eises bleicher Hand
gefroren in einer machtvollen Stille
als herrsche ein einziger eisiger Wille
- doch wie sanftes Lächeln brechen immer wieder Krokusse durch
künden von anmutigen Formen, bunt und weich
und sammeln Kraft, um sich sehnsüchtig zu öffnen
wie kleine zarte Körper, die sich nach Wärme strecken
und ich berühre sie beide, Eiskristall und Blume
die scheidende Kälte wie die nahende Wärme
das eine fast verloren und das andere fast geboren
und das eine wird stets vergehen und das andere entstehen.

Lebenszyklus
Was einst mit einem Schrei nach Luft und Leben begann
und immer kräftiger wurde sodann
während man manch Höhe und Tiefe gewann
fängt nach diesem und jenem schönem „ich kann"
irgendwann
schmerzlich zu schrumpfen an
- bis man feststellt: Das war es dann.

Erinnerungen
Entspannt zurück gelehnt hatte ich an Vergangenes gedacht
in mich gehorcht, was das Herz an Erinnerungen bewacht
und es zogen Bilder vorbei, manche schmerzlich und andere gut
manche mit Bitterkeit und andere voll liebender Glut
begleitet von Ängsten, Freuden und anderen Melodien
- doch alle erzählten von einem beständigen beginnen - und vergeh'n.

Meer der Zeit
Zeit
du Strom der Ewigkeit:
Du bist ewig jung und zugleich voller Falten
du hast kein Versprechen ewig gegeben und keines ewig zu halten
denn alles taucht ein in deine Flüchtigkeit
aus dem Strom deiner stummen Gleichgültigkeit
und doch ist jeder Moment neugeboren
und sogleich wieder gealtert eingesogen
im Spiel einer uns wie Laubblätter tragenden Zeit
hier ein Lachen und da ein Schweigen neben Freude und Bitterkeit
während du vieles zeigst - nur kein Bleiben
neben deinem unendlichen Schweigen.

Mangels Sinn
Wenn man bedenkt
dass dies Nichts am Schluss einem wohl nichts schenkt
wird fast jeder noch verbliebene Augenblick interessant
- so hast du dich nun auch dem kleinsten Moment aufmerksam zugewandt
und all die Gedanken über einen heroischen Abgang verbannt
denn die sind mangels Sinn
nach etwas Überlegung dahin.

Fährmann ohne Rast
Alter Fährmann: Nimm mich noch nicht aus dem Spiel
und bringe mich noch nicht an dein dunkles Ziel
und so behalte weiter für dich deine stummen Weisen
ich habe noch ein schönes Stück ohne dich zu reisen
um Augenblicke in deinem wachsenden Schatten freudig zu gestalten
und Liebe und Leben dir lustvoll entgegen zu halten
darum bleibe fort – du hast mir noch nichts zu zeigen
denn noch erschöpft mich kein Leiden
und die Nächte und Tage haben noch Lust und Lasten
darum alter Fährmann: In deinem Boot lasse mich noch nicht rasten.

Still
Wenn dir der Abgang aus der Welt
als Schlusspunkt nicht gefällt

weil es eine Niederlage der Sinne ist
an die du nun mal gebunden bist
dann tust du gut daran:
Träume dich in ein anderes Leben – oder nimm das Ende still an.

Bis dann
Du genießt das tägliche Plätschern der Sinne
damit es dich unterhaltsam bis zum Abend bringe
hoffend, dass es da sobald keine letzte Ankunft gibt
- was leider unvermeidbar doch irgendwann mal geschieht -
aber da man sich so ein Nichts nicht vorstellen kann
antwortest du weise nur: Bis dann.

Angemessen
Wo am Ende keine Alternative ist
ist es nur recht, wenn du auch mal ratlos bist
- allerdings ist es genauso angemessen
sich angesichts dessen
noch ein irgendwie weiteres munteres Leben zu erträumen
denn damit kann man nichts falsch machen und nichts versäumen.

Du
Welche schützende Kuhle wird es sein in die dein Herz sich legt
wenn es dereinst erschöpft und bitter aus seinem Lebensraum geht?
Doch auch wenn aus deinem fernen Herzen kein Ton mehr dringt
so sehe und höre ich dich doch mit jedem Vogel, der in einem Baum singt.

Schrittweise
Wenn ich heute ginge: Was würde ich versäumen?
Auch den schrittweisen Abschied von meinen Träumen.

Wo?
Es ist nicht aufzuhalten und abzuwenden:
Die Suche nach Trost und Liebe wird bis zuletzt nicht enden
wie auch der Schmerz, die Traurigkeit und das Sehnen
die Erleichterung des Schlafes und freudiges Streben
mit Einsamkeit und Verlorenheit
und die Erfahrung mancher Bitterkeit

- denn es endet erst am letzten Tag
wenn auch dieser erschöpft danieder lag
und so manche große Erwartung sich nicht erfüllte
und du nur noch fragst: Wohin geht nun das Leben das uns immer nur kurz stillte?

Genug Wissen
Wie wenig vom Leben zuletzt bleibt
wenn sich die gesammelte Müdigkeit des Alters zeigt
und die Erschöpfung über deine Sinnlichkeit gewinnt
während ein Leben zunehmend der Erde entgegen sinkt
will ich heute nicht wissen und nicht sehen
- also lasse mich mit dir heute Abend voll Freude nach Hause gehen.

Zuschlag
Ich bitte um Zuschlag
weil ich das Pulsieren des Lebens mag
denn es zerstört die Laune doch arg
wenn morgen statt Zuschlag ein Grabstein im Wege lag.

Schnaufe einmal tief durch
Du maulst, die Zeit habe schon zu viel vom Leben abgeräumt?
Doch Tage und Nächte wären eigentlich noch lange nicht ausgeträumt?
Die Glaser seien noch voll, die Sonne warm
und du seist noch lange kein Fall für der Würmer Darm?
Und so solle dich die Zeit noch nicht vom Tische weisen
launig kredenze das Leben noch so manch gute Speisen?
Doch klage nicht – das hilft nicht mehr
dein Platz am Tisch – der ist bald leer
und ein anderer wird auf deinem Stuhl sitzen
um sein Gemüt zu betäuben oder zu erhitzen
und ob und was du nun noch wolltest oder nicht
dass achtet kein höheres, gnädiges Gericht
denn deine Zeit ist von Anfang an dabei abzulaufen
- also kaue nochmals kräftig und versuche ruhig durchzuschnaufen.

Lange
Lange hält man möglichst alles fest
doch da kommt ein Murmeln: „Es ist besser, wenn du ab jetzt langsam loslässt"
was dir weder an sich noch ab jetzt gefällt

doch niemand erhört dich – nun musst du zeigen, wie man Achtung behält.

Was wird sein?
Wie werden unser Blick und Atem in 30 Jahren sein?
Voller Schmerz, Liebe, Hoffen, Schönheit oder Pein?
Und die Zärtlichkeit – wird es mehr ein Wunden-lecken
oder immer noch ein faszinierendes finden und verstecken?
Und was ist mit den Lippen, die über die Haut gleiten
den sanften Berührungen – werden sie noch süße Schauer bereiten?
Und die Hände: Werden sie sich nur noch ungeduldig selbst reiben
mit kurzen Atemstößen, die erschöpft der Brust entweichen
mit ruhelosen Fingern, die einen schlaffen Leib abtasten
sich selbst umfassen und nervös erschöpft sich loslassen?
Was wird dann noch in unseren Augen sein
von der jungen Glut und einem Hoffnungsschein?

Keine Beschwerdestelle
Lebenszeiten
stürzen, poltern, perlen und gleiten
durch uns hindurch, vorbei und an uns herab
die Seele getragen oder gedrückt, oft nie wirklich satt
um vielleicht in den Momenten der Liebe mild zu schweben
sich zart zu drehen, zu umarmen und zu wiegen
solange der Sinnen-hunger uns zieht und treibt
bis nur noch das Wort: „Es ist vorbei" uns bleibt
- und willst du dich darüber mal beschweren
stellst du fest: Dafür gibt es keine Annahmestelle auf Erden.

Schein
Nach vielen Jahren spürst du noch immer ein junges Sein
das Alter ist nur eine launische Fassade und äußerer Schein
denn noch immer pulsieren Lachen und Sehnsüchte
und du bleibst verwundbar für die Kränkungen mancher Tage und Nächte
mit deinen tastenden Fingern auf einem weichen Körper und einem lieben Gesicht
bis die Lust sich an deiner Erschöpfung bricht
- denn da ist nach all den Jahren immer noch dein so junges wie altes Sein
und das Alter ist nur ein äußerer Schein.

Kraft
Alle Kraft
      zusammengenommen
für einen Sprung über des Alters Kluft
      mit langem Anlauf nochmals abgesprungen
und dafür alle Erinnerung zusammengerafft
      - doch es wird für ein neues Ufer nicht mehr reichen
zu vieles ist schon geschehen und geschafft
      und was oder wem auch die Sprungversuche gleichen:
Es gibt kein neues Leben und keine neue Kraft.

Nicht allzu lang
Das eigene Ende zu seh'n
ist schon recht unangenehm
weil es den Tagesablauf stört
und deshalb empört
wenn es die Lust unterbricht
so heftig wie schlicht
worüber man sich nur ärgern kann
- zuletzt aber nicht allzu lang.

Kreislauf
Hier, da und dort
gilt: Bald sind wir fort
als Erde, Wasser und Luft
heute gelebt und morgen verpufft
dabei geliebt – dass die Lust unser sei
lächelnd, freundlich, innig und frei
bis Erde und Wasser wieder alles aufnehmend gewinnen
und wir zurück in ihren Kreislauf rinnen.

Nachdenken hilft nicht immer
Hier ein Stich und dort eine Schwäche
unruhig ist der Schlaf mancher Nächte
gepaart mit der Frage: Wie lange noch?
Wie und wann falle ich ins letzte Loch?
Wird dann all die geübte Beherrschung verdampfen
und die Panik alle mühsam eingeübte Ruhe zerstampfen?
Denn wie weit reicht noch meine Kraft?
Manchmal ist es besser man hat nicht zu viel nachgedacht.

Herbst
Herbstblätter: Was bedeutet ihr?
Welche Sinnbilder schenkt ihr mir?
Wie lange seid ihr noch Spender kühler Schatten?
Erzählt ihr mir schon, was wir waren und was wir hatten
im Wechsel vom Grün zum Gelb und Rot
und weiter zum Braun und dunklen Tod?
Von einem ewigen Plan hervor getrieben
kraftvoll gewachsen und doch zerrieben
in einem steten Rhythmus von entfalten und aufnehmen
erfüllt von warten, aufbrechen, dürsten und vergehen
dem Herbst und Winter entgegen mit jedem Wind
bis der Schluss einen stummen Abschied bringt?
So sagt mir ihr stillen Begleiter:
Wie geht es morgen weiter?

Wiedersehen
Wenn ich davon muss
einst am Ende, ganz am Schluss
hinaus aus dem geliebten und schmerzlichen Labyrinth
zum Treffen mit Würmern und Maden, die dann meine Gäste sind
so wird auch dies noch mit Trotz und Protest geschehen
denn die Seele will grenzenlos weiter und nicht vergehen
doch protestiere ich nicht laut – dass verlöre sich nur im Wind
stumm verschluckt so sicher wie geschwind
- doch wenn ich dereinst still gehe
so hoffe ich so leise wie innig, dass ich dich wiedersehe.

Erde
Deine Gedanken sehen zum Boden
von Schweigen und Schwere angezogen
denn sie ertasten die Kälte und Gleichgültigkeit der Erde
erstaunt, wie daraus je eine zarte und verständige Seele wurde
nicht mehr gefangen in dieser erdigen Schwere und Schweigsamkeit
sondern wild und sanft für Liebe und Hingabe bereit
wobei dich bedrückt: Sie kommt wieder - die Stille der Erde
auf das jedes Leben wieder Erde werde.

Er kommt näher
Erschrocken blickst du dich um und an dir herab:
Deine Lebenszeit wird zusehends knapp?
Und es geht unaufhaltsam von einer Höhe in die Tiefe?
Auch die schönsten Tage zeigen zunehmend Schwäche, Brüche und Schiefe?
Und es schwindet langsam die Selbstverständlichkeit
mit der bisher deine Seele durch das Leben eilt?
Doch du musst dich an den Blick gewöhnen
und er wird dich nicht versöhnen
denn er kommt näher, der Dieb
deines Lebens – bis er dir direkt in die Augen sieht.

Herbst
Die Felder abgemäht:
Mit dem Herbst und Winter wird das Jahr spät
und es zeigt uns mehr von seiner faltigen und grauen Haut
seiner Einkehr und Abkehr mit einem immer leiseren Laut
denn die Räume der Zeit werden nun abgeschlossen
Stürme und Stille sind hinein und dahin geflossen
- doch du willst dich so wie früher mit mir verbinden?
Teile mit mir deine Erinnerungen – und was wir darin finden.

Geburtstag
Der Erde wieder ein Stück näher
            - wie nahe schon? -
nahm ich einen Klumpen Erde zwischen die Finger
            - ihr ausgeworfener Sohn -
und zerrieb die Krumen zu Sand
            - wie leicht und schnell er verflog -
aus meiner Hand
            auf der er immer weniger wog.

Ort und Zeit
Die Zeit
hat einen dürren Leib
mit knochigen Rippen
tiefen Schatten und rissigen Lippen
dünn, unruhig und dauerhaft nicht zu fassen
nicht festzuhalten und rasch verlassen
denn sie ist stets flüchtig

ohne Mitleid, hart und brüchig
- und darum teile mit mir meine Zeit
gegen die Wunden der Einsamkeit
denn jedes liebende Wir schenkt uns einen einzigartigen Ort
und eigentlich möchten wir nie davon fort
so sehr die Zeit auch ihre Waffen schwingt
und ihr schrilles Lied singt.

Ewigkeit
Du wolltest doch immer wissen, was am Ende steht:
Es ist ein rüder Befehl ohne Sprecher: Geht und vergeht
seht euch noch einmal um und dann lasst alles zurück
spürt den Abschied und nehmt nichts mit, kein Stück
denn weder Glück noch Leid erwarten euch hinter dieser Schwelle
keine Zuflucht, keine Berührung und keine friedvolle Stille
sondern die Leere, die nichts mehr umarmt und an sich zieht
die uns heute schon anstarrt, ohne dass man sie je sieht
die alles verschlingt und nichts mehr sät
und mit einem Schweigen alles unter sich begräbt
keinem vorwärts oder heimwärts zugewandt
nur mehr ein flatternd zerrissenes Band
- willst du noch immer hören, was am Ende steht?
Es ist dies Wort: Vergeht!
Doch ich glaube diesem Wort nicht
nicht den Hüllen und dem wechselnden Licht
denn unsere Seelen werden sich weiterhin finden und küssen:
Weil Liebende etwas von der Ewigkeit wissen.

Kerzenlicht
Wenn das Leben nur noch an einem alten dünnen Faden hängt
den Atem flach und schwer sich hebt und senkt
während sich die Seele immer bedrängter dehnt und ballt
und sich unter Abschiedsschmerzen an jedem Moment festkrallt
- dann fällt sie dennoch irgendwann wie ein Blatt von einem Baum
und eine Welt zerbricht – doch den Schrei hört man oft kaum
denn bis zuletzt kämpft die Seele wie ein Kerzenlicht
gegen den Wind der Zeit - bis ihre Flamme erlischt
und nur noch eine Rauchfahne etwas zeigt
von den schönsten Blüten einer vergangenen Zeit.

Warten
Wenn Kraft, Geduld, Lust und Liebe erkalten:
Welches Versprechen wird dann noch halten?
Was bedeuten dann noch Herrschsucht, Ansehen oder Geld
wenn nur noch ein drückendes aushalten eine Seele zusammenhält?
Oder die Angst vor einer noch größeren Not?
Was bleibt dann außer einer erschöpfenden Flucht vor dem Tod?

Vermutung
Eines Tages war er äußerlich ruhig gestorben
als wäre er mit seinem Schlaf und Schicksal zufrieden
und als sei er ausreichend durch seine Welt gezogen
habe genug gelacht, geliebt, gelitten und sich zurechtgebogen
doch eigentlich war er immer nur wartend weiter gegangen
hatte sich bemüht und war doch nirgends richtig angekommen
- aber dies spielte nun zum Ende hin keine Rolle mehr
schon immer lebte er von Moment zu Moment, mal berauscht, doch oft schwer
und so stieg nur kurz eine Panik in ihm hoch und formte einen Seelenschrei
doch kaum hörbar, denn seine Seele stockte endgültig resigniert dabei
- und so sah es aus als sei er still gestorben
dass man vermutete: Er war wohl zufrieden.

Schatten
Bald werden wir zu Schattengestalten
und nichts wird uns mehr berühren und halten
denn wir ziehen alle dahin und kehren nie wieder
die Erde durchdringt uns tiefer und tiefer
bis wir in ihrer Dunkelheit versinken
und ihre Kälte und Schweigen trinken
den Lebenden noch eine Erinnerung gleich Schattengestalten
- immer weniger festzuhalten.

Gehorsamer Tod, hartherziger Gott
Tod, erhebe nicht deine Hand
        denn ich brauche noch die Liebe
und setze mich noch nicht über in dein stummes Land
        denn bitter erscheint mir dein Schweigen und deine Kühle
und sage mir lieber: Wie viel Kraft und Zärtlichkeit werden mir noch bleiben?
        Du schweigst? So gehe vorüber – es sei noch nicht deine Zeit
und übrigens: Du solltest eigentlich nie bei mir verweilen

denn meine Seele sehnt sich nach einer Ewigkeit
- und welcher hartherzige Gott hat beschlossen, das Leben mit dir zu teilen?
    Und vergessen, dass dir vielleicht der ganze Sieg am Ende bleibt?

Am letzten Halt
Du fühlst dich müde? Doch siehst dort hinten schon den letzten Halt?
Doch du willst deine Seele nochmals warm einhüllen – aber es wird kalt?
So hast du beschlossen, uns anderen davon nicht mehr zu berichten:
Nur dir gehören die Abschiede – und wie sie vernichten.

Im Augenblick
Weil ein Jedes nur für Momente zu erleben ist
stört dich dann auch nicht der Augenblick, in dem du nicht mehr bist
denn ohne lebendige Momente kann dich keine hübsche Erregung mehr betören
und das ewige Schweigen und der Schmerz werden zu still, um dich noch zu stören
womit die unendliche Stille am Schluss uns zwar zuvor gründlich erschreckt
doch dann – wenn sie kommt – wohl weder übel noch nett neckt
und zudem die Liebenden mit der kleinen Hoffnung auf eine ewige Vereinigung
beschenkt
und die übrigen vielleicht mit irgendeiner Form der Wiederkehr bedenkt
was allerdings auf Erden irgendwo und irgendwann geschieht
wobei man als Ameise oder Wurm nicht mehr so souverän auf das Leben sieht.

Bleibe heiter
Du fühlst dich zu nahe dem Tod um beschwichtigend zu reden?
Bist zu ungeduldig, um beruhigende Pläne zu weben?
Willst mehr als nur für diesen Moment zu lachen und zu küssen?
Weil du in allem ein brechen fühlst und ein loslassen?
Willst nicht aufgeben nach all dem sanften Erfüllen und Umfließen
und dem zärtlichen Einhüllen und Grüßen?
Gewiss: Deine Ströme werden dich nicht ewig tragen
und du wirst immer tiefer in dich fallen und weniger fragen
schmerzlicher oder stiller, doch immer noch stark und nah
wenn auch mit der kaum zu ertragenden Erkenntnis: Es war
- doch die Erkenntnis hilft dir nicht weiter
und darum: Erkenne – doch bleibe heiter.

Eingesogen
Am Ende einer langen Reise

146

ist keine Enge mehr und keine Weite
nur noch vergangene Zeit - verflogen
und eine Seele, in sich gebogen
mit einem erinnernden Schweigen
und einem hilflos in sich neigen
hin zum Boden:
Denn bald wird sie von der Erde eingesogen.

Gutes Unwissen
Das launische Geschick
bricht uns irgendwann das Genick
mit des Lebens Vergänglichkeit
und dagegen hilft auch kein trotziger Streit
wenn Liebe, Leben, Knochen und Haut
einst verloren gehen: Sie sind ebenso einmalig wie verletzlich gebaut
und selbst wenn man vorher den letzten Zeitpunkt wüsste
wäre das auch nicht das Beste
denn so können wir uns unbefangener küssen
- auch wenn wir vielleicht schon demnächst gehen müssen.

Ausgesetzt
Ein Leben verblüht
womit etwas Unfassbares geschieht
denn der Sinnlichkeit wird die Quelle entzogen
und ein Herz ganz zu Boden gebogen
denn die Seele kann bis zuletzt nur bitter zusehen
wie mit den heran kriechenden Gebrechen die Freiheiten vergehen
und die Seele in einer immer engeren Welt allein gelassen wird – wie ausgesetzt
die Möglichkeiten eines neuen Tages zunehmend verletzt
in einem sich über Jahre hinziehenden niedersinken
und täglich minimalen weiteren schwinden
nicht aufzuhalten
- und so gewöhnte sich noch nie ein Herz an das zunehmende Erkalten.

Langsam
Das Altern ist wie eine Reise auf der Titanic:
Es naht der Untergang und es kommt zu einer Panik
denn langsam läuft das eigene Schiffchen voll
säuft behutsam ab Zoll um Zoll
und ich stehe auf der Brücke

versinke jeden Tag um kleine Stücke
und gebe doch weiter Durchhalte-Befehle
an die eigene erschreckte Seele
damit das Wasser den Mund nicht verschließe
und nicht gurgelnd in die Lunge schieße
den Fischen und Würmern zum Fest
an meinem verbliebenen Rest
- denn heute schwimmt sie noch, die Titanic:
Also liebe mich – noch besteht kein unmittelbarer Grund zur Panik.

Antwort
Es bleibt immer etwas zurück, man geht nie ganz?
Man verschwindet nie restlos aus des Lebens Tanz?
Es bleibt immer ein Körnchen oder Geist, wenn es einen in die Erde zieht?
Oder zerbricht alles wie man auch rennt, glaubt, sich dagegenstemmt oder flieht?
Auf jeden Fall ist jeder Tag ein einmaliger Entwurf ohne Wiederkehr
mal tief zerfurcht, mal ruhig, mal glücklich oder lastend schwer
mit Erfüllungen, Verletzungen und enttäuschten Versprechen
jeweils unabwendbar fort gefegt von der Zeit eisernem Rechen
zerkratzt und ermüdet auf der Suche nach einer Geborgenheit im Tanz
und die Schatten werden größer – und endet es irgendwann ganz
dann wirst du wohl nicht mehr als heute wissen
- aber eine Antwort für morgen vermissen.

Erinnerung
Eines Tages werde ich/du verschwunden sein
verlassen die gewohnten Zimmer und das Heim
doch du wirst dich noch erinnern wie unser Lächeln war
und für einen Moment glauben, ich sei noch da.

Noch
Das Ende ist immer gleich:
Der letzte Aufprall wird nicht weich
denn wie lang genutzte Blechbüchsen entleert
überflüssig und irgendwie verkehrt
hingeworfen und zur Seite gekickt
angerostet und eingedrückt
nun bald weggeschmissen
erschöpft und vergessen
kullern Seele und Leib zuletzt in ein Erdenloch

148

- doch erschrecke jetzt nicht: Du lebst ja noch.

Hoffend
Geschrumpft
     auf einen Meter sechzig
zurückgeblickt
     auf der Jahre achtzig
und dabei matt und gebeugt
     wird der Alltag nun schwer und lästig
während man wartet
     schon lange nicht mehr hastig
und sich erinnert
     was schrecklich war und freudig
während man sich müht
     keuchend und doch mutig
und sich langsam verabschiedet
     hoffend, es sein nicht endgültig.

Prellbock
Morgen, übermorgen – wann?
Wer und was kommen dann?
Du fragst, denn die Zeit dreht dir schnell eine Nase
und platzt wie eine Blase
die ebenso rasch aufsteigt wie sie verrinnt
endgültig dann, wenn nichts mehr beginnt
und vielleicht ist es schon mit dem nächsten Atemzug an der Zeit
- also lächle jetzt, denn für deinen rasenden Zug ist der letzte Prellbock vielleicht
nicht weit.

Bis
Früher oder später
kommt es immer näher
und sickert in Brust und Beine
kriecht in Hände und Eingeweide
drückt sie zusammen und dich nieder
lähmt dich Stück um Stück und jeden Tag etwas mehr wieder
sind es zunächst auch nur Nadelstiche und andere kleine Boten
so wird die Kraftlosigkeit doch immer mehr zu einem Knoten
um deinen Körper – und nichts hört auf dein Bitten
achtet weder dein Hoffen noch stummes Entsetzen

das dir immer öfter im Halse stecken bleibt
bis dein Mund zuletzt schweigt
bis man geht
meist zu früh, wurde es auf der Party auch schon spät.

Stolz
In Verzweiflung baden?
Umhüllt von eines Selbstmitleides Rauchschwaden?
Das ist nicht meins - denn ist so manches Ende auch schlecht
ohne Kraft, voll Schmerzen und nichts mehr recht
weil man vom Lebens-Karussell steigen muss
spätestens am maßlos bitteren Schluss
dann soll es doch mit Stolz geschehen
und ihr werdet mich nicht missmutig gehen sehen
- oder erst wenn ich in den letzten Rachen steige
und mich maulend vor dem Tod neige.

Des Alters Grüße
Du meinst du gehst langsam in eine Wüste?
Denn dich bedrängen zunehmend des Alters Grüße
weil deine Gelenkte zunehmend klemmen
Erschöpfung und Resignation dich hemmen
und Schmerzen zubeißen
während Hoffnungen zerreißen
und Kräfte verfließen
Hautflecken sprießen
und Augensäcke kommen
während Liebeslüste verschwimmen
und die Jugend mitleidig auf dich hinunterschaut
wobei sie im Geiste deine Hinterlassenschaft bereits für sich umbaut
angesichts deines Alters und deiner nahen Wüste
- und du schreibst mir noch jung-fröhliche Grüße?
Ich werde dir eine Karte mit einem kleinen Spiegel darin schicken
und du wirst mir wie schon oft schreiben: Das Alter einer Seele ist nicht von außen
zu erblicken.

Atemzüge
Es endet ein Leben
         einst erblüht und nun zerfurcht und ausgebrannt
und es schließen sich zwei Augen

die suchten und fragten, die Kräfte nun ausgelaugt
und es verstummen die Reden
die offenbarten und verbargen, frei oder bedrängt
doch wir wollen bis zuletzt lieben
solange ein Atemzug gelingt
selbst wenn ein Leben
vergangen und ausgebrannt
schloss Mund und Augen
zurück gekehrt zu Wasser, Luft, Erde und Sand.

Empörung
Angst vor der Vergänglichkeit?
Für dieses Gefühl nimmst du dir Zeit?
Lächelst du nicht besser der Vergänglichkeit ins Gesicht?
Sie ist zwar ein treuer Begleiter – aber ohne warmes Licht
und nur eine hässliche Unterbrechung für ein nettes Stück
am Ende gar nur eine Gemeinheit – also wendet man besser den Blick
und zeigt sich munter und lächelt dabei
so begrenzt auch die Zahl deiner Tage schon sei
da es nur hilft, wenn du jeden Moment zelebrierst
und nicht voller Empörung auf den schwindenden Vorrat stierst.

Verschluckt
Grußlos verstößt uns die Welt
wen sie uns nicht mehr hält
was stets eines zu frühen Tages geschieht
weil das meiste zu schnell fließt und flieht
und uns nicht mal einen Schatten oder ein Flüstern lässt
sobald die Zeit ein letztes Mal uns erfasst
so sehr sich die Seele auch streckt oder duckt:
Sie wird verschluckt.

Schnabelhiebe
Es ist die stets gleiche Leier:
Die Zeit ist wie ein gefräßiger Geier
da kannst du lächeln, rennen, dich entspannen oder zusammenzucken
dich abwenden oder in Vergangenes wie Kommendes gucken:
Die Zeit verteilt ihre Schnabelhiebe in Herz und Fleisch
mit Bitterkeit, Lachen und Leid zugleich
selten mit sanfter Ruhe und stets voll Gefräßigkeit

liebend oder tückisch voll Sterblichkeit
während der Körper und die Seele pulsiert und darbt
und sucht und sucht – und damit dann auch stirbt.

Hoffnung
Leben ist Augenblick
und es gibt nur ein jetzt und weiter, nie zurück
und so wird selbst der Tod zu einem Augenblick
im schmerzvollsten Abgrund – doch wer hofft nicht, er kehre irgendwie zurück?

Ungeselliger Begleiter
Du bist der Tod und begleitest mich ständig mit deiner Vergänglichkeit
aber nun gehe doch beiseite, für dich habe ich noch keine Zeit
denn von mir aus begnüge dich mit einem fernen Rauschen:
Dich mag ich weder sehen noch seiner unendlichen Stille lauschen.

Kurze Ruhe
An die Kaimauer des eigenen Lebens gelehnt
im Geiste den Leib losgelassen - damit die Seele schwebt
wie Gischt über einem Strand oder Blätter über eine breite Lebens-Promenade
- ein Jedes rasch verwirbelt vom Wind – leise flüstert dein Herz: Schade.

Wieder finden
Erschöpfung und Plagen
nach all' den Freuden, Schrecken, Jahren und Fragen
beim langen Gang hin zum Ende einer Lebens-Welt
während man spürt, dass einen das Leben immer weniger trägt und hält
wenn sich keine Arme mehr zärtlich um einen Körper legen
nicht mehr innig an sich ziehen und liebend regen
mit einem immer lauteren: Es war, es war...
unabwendbar deutlich und klar
während wir die Frage immer mehr mit uns tragen:
Werden wir uns wieder finden – und was uns dann sagen?

Gestern, heute, morgen
Herbst ist es wieder
und der Raureif sinkt hernieder
und zur stillen Einkehr mahnt die Zeit

denn die Schatten werden kühler, länger und breit
und die Natur hält nun inne im fahleren Licht
während Blatt um Blatt vertrocknet und abbricht
und es kehrt draußen eine erstarrende Ruhe ein
Abschiede fassen nach manchem Streben und Sein
Bäume und Sträucher verharren unter eisigen Nebelschwaden
und in der Ruhe sehen wir deutlicher, was wir sind und was wir waren
denn mit dem kalten Nebeln wächst eine fragende Melancholie
flüsternd und ruhelos: Dem Winter entkommst du am Ende nie
nicht mit deiner Kraft und Erschöpfung, deiner Lust und deinem Leid
deiner Auflehnung, deinen Wünschen und deiner Wehrlosigkeit
und mag sich deine Empörung auch noch so hoch türmen
jeden deiner Schritte begleiten und dich bestürmen
und magst du dabei Worte formen wie: „Halte inne, bleibe mein"
so wird dein Leben doch wie die Jahreszeiten sein
und gleich Nebelschwaden wirst du einst fortgetragen
von allem, was einst deine Liebe und Zuversicht waren
fort von sanften Lippen und einer warmen und zarten Haut
und kein Flehen oder Protestieren hilft, weder still noch laut
umgeben dich auch heute noch der wärmeren Jahreszeiten Farben
und verdecken die Berührungen und Düfte noch angenehm deine Narben
so wirst du doch irgendwann wie ein Blatt verweht
und aus dem Heute vielleicht in kein Morgen mehr geht.

Geburtstagsschatten
Ein Geburtstag war für ihn (sie) eigentlich ein freudiger Tag
auf dem aber schon bald ein wachsender Schatten lag
denn neben die Freude, geboren und lebendig zu sein
trat zunehmend der Kummer: Die restliche Zeit wird klein
und damit schrumpft auch das Warten
auf den Bestatter und seinem Spaten.

Kau-Geräusche
Auch wenn es dir nicht gefällt
siehst du, dass das Leben stetig auf ein Ende zu hält
mit einem von Würmern verursachtem Kau-Geräusch:
Das ist am Schluss dein zu Erde sich wandelndes Fleisch
- wobei die Seele zuvor dieser Hülle und Hürde
gerne im letzten Moment unbeschadet entfliehen würde.

Gehe nun
Freund/in, lege beiseite deinen Wanderstab
denn dein Weg führt nun alsbald ins Grab
überschaubar zurück zur Stille und Erde
in Leere und Schwere
wie ein Tropfen versunken
in einem Ozean ertrunken
- du willst noch etwas sagen?
Kaum Antworten und zu spät für Fragen?
Die eine noch? Wird man weiter lieben?
Sinne und Gedanken sanft umeinander legen?
Um mit einem anderen durch die Ewigkeit zu wandern?
Gehe nun – es wird sich finden.

Dünne Wand
In den Schatten immer weiter
so folgt dir ein stummer Begleiter:
Es ist der Tod mit kahlem Schädel und dürrer Hand
und zwischen dir und ihm ist eine zunehmend dünne Wand.

Lehren
Mangelnde Gelegenheit ist für die Tugend der beste Lehrer
das Alter macht uns am stärksten zu einem tugendhaften Schüler
doch bei hinreichender Möglichkeit wäre auch das Alter nicht still und bieder
sondern frech und frei im zärtlichen Spiel mit Slip und Mieder
wären wir doch nur prall belebt von jungen jubelnden Sinnen
- doch das Alter zeigt die Kunst still und haltungsvoll zu verrinnen
und lehrt sie es nicht so endet es mit tragischem Krawall:
Am Ende verstreut es jeden Rebellen grau und erschöpft im All.

Zelt
Dein Gesicht wird grau wie Asche
denn nichts gibt es das dich wieder jung erschaffe
und dein Werben lockt kaum mehr
und deine Blätter hängen schwer
mit welken Reizen und Blüten
dir bleibt nur noch, mit Mühsal das Angesammelte zu behüten
- doch es ist eine noch lange pulsierende und glühende Welt
und vielleicht ist da noch eine Liebe, die dich lebendig hält
und dich beschenkt mit einem schützenden Zelt

154

- damit es heute noch mal den Regen abhält.

Adieu
Lange Flure abgeschritten
gelacht, geschmunzelt, geschwiegen und gelitten
manche Lasten auf polternden Karren vor sich hergeschoben
die schweren mit den leichten Momenten geduldig verwoben
und dann: Den Wagen an einem Wegesrand stehen gelassen
denn das war es, der Weg ist nun alsbald zu verlassen
mit noch mal einem Blick, einem Wort und einem Licht
sowie einem Atemzug - adieu, mehr gibt es nicht.

Stummer Zuschauer
Meist stellt man fest mit Schmerz und Müh':
Der Tod kommt fast immer zu früh
und die Liebe bisweilen zu selten
- was also soll man vom Leben halten?
Denn manche lässt das Leben lange warten
und andere liegen zu rasch in der Erde im Garten
denn über allem thront die große Gleichgültigkeit
und die ist stets zu einem stummen Zuschauen bereit.

Ewig
Es kommt der Moment in dem es heißt: Das war es nun
und es bleibt nichts mehr zu tun
als eine Hand nochmals zu nehmen
und dann scheidend zu gehen
nur noch fort und dahin
in ein Schweigen ohne Sinnlichkeit und Sinn
hättest du auch noch so viel zu tun
so gilt ab jetzt: Vermutlich musst du ewig ruh'n.

Abstreifen
Damit weder Liebe, Lust noch das Leben vergeht
hat schon so manche/r eine jenseitige Welt erfleht
denn verlockend ist es, sich ein ewiges Leben vorzustellen
damit kein Ende kommt - denn dieses würde einem die Freude eindellen
weswegen es so manche(n) in eine Kirche oder Fantasiewelt zieht
hoffend, dass dann nicht das Übel eines Lebensendes geschieht

wenn man sich nur fleißig genug das Bild einer ewigen Seele ausmalt
damit man mit eines Gottes Hilfe keinen bitteren Wegzoll an die Zeit bezahlt
- auch wenn man leider ahnt
dass die Vision einem keinen ewigen Weg bahnt
doch kann es einem bis helfen
diese Düsternis wie Ungeziefer abzustreifen.

Ausblick
Wenn ich dereinst gehe
so sei es das ich mich zuletzt nach dir umsehe
und meine Hand in deiner ruht
als letzte sanfte, lang geschenkte Glut
mit einer Zärtlichkeit, die nie floh
und ist auch der letzte Weg gemein und roh
so ich sehe ich dann gerne und hoffend vor und zurück
auf dich – mein Glück.

Warteraum
Tod – nie wird ihn einer sehen
da einem vor seinem Eintritt die Sinne vergehen
und alle, die davon erzählen sind zu berichtigen
denn sie täuschen sich – sie konnten nur einen Warteraum besichtigen.

Gefängnis
Auf zum letzten Tanz:
Schon viel verlor sich von deines Körpers Substanz
doch deine Seele flackert weiter jung und wild
auch wenn der Körper um sie herum verfällt
denn die Seele möchte in der Welt bleiben:
Sie ist Leben und wird dir nie die unendliche Leere zeigen
und doch wird der Atem zunehmend flach
und irgendwann wird die Erde deines Körpers Heim und Dach
und die Seele? Sie wird ihm wohl folgen - unabänderlich
entgegen ihrem Hoffen, das frei und überirdisch
hofft, über das Gefängnis der Körperlichkeit zu siegen
denn die Seele möchte weiter so frei wie ein Traum fliegen
getragen von berührenden Bildern und schwerelosen Gedanken
die über alle körperliche Begrenzung hinaus ranken
- so hoffst du dereinst aus dem Irdischen hinaus zu gehen
doch leider ist davon vorher nichts zu sehen.

Mangel an zu belehrenden Zuhörern
Es kommt wie es kommen muss:
Irgendwann ist Schluss
womit der Tod dann auch persönlich stört
weil dich niemand mehr sieht oder hört
und du hast doch immer so gerne andere belehrt
- doch nicht nur der Sensenmann hat sich darum kaum geschert.

Gewissheit
Den Umgang mit der Ewigkeit
lernt man nicht innerhalb einer kurzen Lebenszeit
und auch danach ist einem nicht mehr danach zu mute
denn dann hat man Gewissheit: Man hat keine Gelegenheit mehr zur Suche.

Angenehm
Erschafft euch nette Bilder vom ewigen Leben
denn das zu hoffen ist als Fantasie jedem gegeben
und es bereitet nicht allzu viel Müh'
kommt auch der Tod sicher und meist zu früh
doch mit netten Geschichten klappt ihr eure Fenster und Türen einfach zu
und das taugt eine Zeit lang für eine angenehme Ruh'.

Nichts
Du glaubst es gibt Menschen, die bereit sind endgültig zu gehen?
Doch das ist nur als resignativ-erschöpfte Abkehr zu verstehen
denn der Tod hat weder eine Perspektive noch Sinnlichkeit
und dafür ist die Sinnen-Seele eines Menschen nie bereit
denn ohne all die Launen, Mühen, Schmerzen und Glück
ist nur noch nichts – und darin gibt es keine Ankunft oder ein vor und zurück.

Sterne
Dass die Sterne ewig sind
ist nichts, was dem Menschen einen Trost nahebringt
denn schon nach wenigen Jahren wird es für ihn dunkel
und vorbei ist es mit dem Sternen-Gefunkel
und er geht abermals als Wassertropfen und Erdkorn auf die Reise
reichlich stumm, dumm, dunkel und leise.

Ewige Nacht

Wir haben doch Vieles ganz gut gemacht
- doch muss das nun mit dem Tod sein? Für alle Ewigkeit: Gute Nacht?

Einsicht

Du sahst mal wieder betrübt auf dein Stundenglas?
Und dass ist ein zunehmend bedrückendes Maß?
Ein Häufchen Sand, das viel zu schnell verrinnt?
Kein Trick, damit es noch mal von vorne beginnt?
Und niemand dreht das Glas je nochmals um?
Das endet fatal – und das macht dich stumm?
Doch da deine Klage niemand erhört
bleibt es dabei, dass Gejammer den Tod nicht stört.

Wie ein Blatt

Todsicher ist der Tod
mit seinem Abschied voller Not
und dem kurzen Satz: „Du wirst nie mehr wiederkommen"
denn mit jedem Einzelnen ist eine eigene Welt wie ein Blatt im Bach davon
geschwommen.

Beginn und Schluss

Es beginnt ganz klein und wird rasch groß
es reift und es endet geschrumpft am Schluss
es wächst heran und hat doch keine Gestalt:
Es ist unsere Lebenszeit jung, mittel und alt
weil auch der Tod in uns wächst
bis er uns zuletzt still zersetzt
zu Staub und Erde als „Gewinn"
und aller Sinn ist unsere Sinnlichkeit – und die geht dahin.

Schlecht und recht

Dünn wie Papier wurde deine Haut
die Zeit hat dir deine Lebensstunden geklaut
dabei die Gelenke mit Kalk zugesetzt
und deine Kraft und Zuversicht abgewetzt
dazu das Gehirn voller, doch langsamer gemacht

was alles zusammen weniger Lustfeuer entfacht
weshalb deine Seele nun schwerer an sich trägt
und die Unwiederbringlichkeit lastender erwägt
während du Schritt um Schritt weiter gehst
die Talsohle am Schluss schon vor dir siehst
mit einem Fluss, der dich zuletzt in der Weite verteilt
während du dich wehrst: Du hast noch nicht genug verweilt
denn deine Seele bleibt lebendig und jung
doch das Äußere und der Raub der Zeit sind eine Beleidigung
denn ob gebeugt oder aufrecht:
Der Schluss ist schlecht und keinem recht.

Absehbar
Es ist vorherbestimmt
           dass jeder Leib und jedes Wort
bald oder später vergeht und verklingt
           mit einem Hauch: Hinfort.

Vor der Tür
Du hast noch viel Zeit
so gibst du mir froh Bescheid
denn keiner von uns müsse sich beeilen
es sei noch genug Gelegenheit um jung und nett zu verweilen
- allein, ich fürchte, das kann sich zu schnell ändern
jeder Tag ist geeignet, unseren letzten Vorrat zu plündern
denn plötzlich steht ein Schatten vor der Tür
und flüstert: „Ich komme zu jedem – auch zu dir
also trinke noch mal und iss ein letztes Brot
als kleine Mahlzeit vor dem Tod
und mich – den Schatten - verhindert keine Tür
und keine Frage nach einem Wozu und Wofür
- so, du meinst, du hast noch viel Zeit?
Vielleicht stehe ich schon vor der Tür – bist du bereit?"

Erreicht?
Das Alter erreicht?
Und doch noch nicht genug umhergeschweift?
Der suchende Blick ist noch wach?
Deine Seele rastet noch nicht an einem ewigen Bach?
Dein Herz ringt weiter mit Hoffnungen und Müdigkeit?

Es ist noch nicht die Zeit für eine resignative Dankbarkeit?
Wie soll das dann aber mit dir enden?
Vermutlich mit Seelen-Kämpfen.

Loslassen
Wo einst die Seele hat gelodert
liegt sie alsbald in der Erde und modert
und müssen alle Gewohnheiten und Genüsse loslassen
- das ist mit keinem Sinn und keinem Ziel zu erfassen.

Krähen
Auch wir beide werden einst altes Leder
wie zwei Krähen mit zerzaustem Gefieder
hockend auf den Kadavern ihrer vergangenen Zeit
voll Erinnerungen, Lächeln und manchem Leid
den Schnabel gefüllt mit Wasser und Wein
und mit den Resten an Kraft zusehends allein
krächzend manch alte Reden und Lieder
doch wir werden hüpfen und fliegen – bis zuletzt immer wieder
wohl schwerfälliger und immer noch aufgescheucht
wobei der Atem schon vernehmlich keucht
doch es bleibt bis zuletzt eine Reise über die Erde
pendelnd zwischen einer Leichtigkeit und abgrundtiefer Schwere.

Es kommt
Das Ende im Grab kommt immer
- doch sei getrost: Es kommt nicht schlimmer.

Gewicht
Die Zeit hat uns schon graue Schleier über's Haar gelegt?
Und du fragst wie sich die Seele in Zukunft noch bewegt?
Alters-nervös vielleicht?
Oder ruhiger, doch die Formen aufgeweicht?
Mit noch mehr tiefen Falten und Gräben?
Und unsichtbar unter der Haut mit harten Narben?
Und werden wir uns noch ansehen
und eine Hand in die andere legen
hoffend, das Lächeln der Augen möge bleiben
und die Zärtlichkeit uns weiterhin eine Heimat zeigen

wenn wir uns zu einem Ganzen versuchen zusammen zu fügen
einander fordern, festhalten, formen, berühren und lieben?
Und werden wir trotz all der Unzulänglichkeit in unserem Sein
uns noch sagen können: Ich bin mit dir in meinem Leben daheim?
Oder wächst die Resignation in einem verlorenen Kampf
und wird das Lächeln zur Maske über einem Seelenkrampf?
Gibt es zu oft einen Moment, der uns achtlos beiseite fegt
ohne Gnade niedergedrückt und uns schon zu den Steinen legt?
Und wie viele Fragen und Sehnsüchte haben noch Gewicht?
Welche Kraft und Lust bleiben für uns im sinkenden Licht?
Ich ahne es - doch unsere Reise ist noch ein Stück weit
auch mit grauem Haar – so küsse mich und sei immer noch für ein Lächeln bereit.

Kaum

Abschied und Tod – was seid ihr doch für ruhelose Boten
jeder mit einem derben Seil und sich zuziehenden Knoten
weil man euch stets mit seinem Leben bezahlt
auch wenn man seine Tage noch so behütet und bewahrt
und alles innig liebt, pflegt und erhält
damit man nicht heute schon fällt und zerschellt
vielleicht sogar gelebt mit dem Gefühl einer zärtlichen Zeitlosigkeit - die trügt
oder einer anderen netten Illusion, die uns freundlich belügt
bis zum glanzlosen Auftritt des letzten Boten
um uns irgendwo schroff zu erwarten
- vielleicht doch mit einem Sieg der Liebe?
Mit einer jenseitigen Verbindung von Himmel und Erde?
In einem unendlichen Raum?
Vielleicht - doch leider wohl eher kaum.

Sicht

Auf deinem Grab steht eine steinerne Figur mit sanftem Gesicht
als Erinnerung an dich, deine Hoffnungen, Liebe und an Dunkel und Licht
also an eines Lebens beginnen, aufsteigen und enden
an manches aufbäumen, hinnehmen und abwenden
mit freudigen Momenten und einem maßlosen Verlust
wenn du zum Schluss endgültig von hinnen musst
wie unendliche viele zuvor in der Vergänglichkeit ertrunken
und in der Erde versunken
- von alledem zeugt das in Stein gemeißelte Gesicht
und ich spüre die Zärtlichkeit und Lust im schattenreichen Licht
und ich stehe davor, um nochmals ein Stück in Gedanken mit dir zu gehen

- werde ich dich wieder sehen?

Kluges Schweigen
Über den Tod redet man besser nicht
so verdunkelt er weniger ein mühsam erarbeitetes angenehmes Licht
denn da er so oder so kommt und einen packt
verliert man nichts lässt man ihn in seinem dunklen Sack
und lacht und lebt recht munter neben dem Sack solange es geht
- es reicht schon, dass er immer näher vor der Türe steht.

Knoten
Zuletzt stellt man fest
an des Lebens letztem Rest
neben allem bitterem Geschrei:
Es geht mit dieser Köstlichkeit nun leider vorbei
denn es wird dir wohl keine Wiederholung geboten
- spürst du im Hals und Magen schon den Knoten?

Du siehst ihn nicht
Er ist ein Begleiter ohne Worte, ohne Gesicht
und doch ein Herrscher über Leben - und zugleich doch nicht
dabei ein maßlos Gleichgültiger, der alles verbrennt
ein Schlund, der irgendwann jeden Namen nennt
mit dem er alles Gewohnte und Erlebte mit sich nimmt
und dabei doch nichts gewinnt
weder Lachen noch Freud
von nun an alles stumm verstreut
und ohne ein Gesicht:
Tod – er sieht dich, doch du ihn nicht.

Knappe Sache
Wurzeln durchdringen das Gebein
zieht es dich erst mal in die Erde hinein
und nichts kann es hemmen und nichts abwehren
Erdschicht um Erdschicht wird dich beschweren
hast du die Schwelle am Ende überschritten
und bist zu Lehm, Staub und Gestein hinab geglitten
- du meinst, das schüttelst du jetzt noch ab?
Doch irgendwann wird es auch dafür knapp

was dich dann auch nichts mehr lehrt
außer: Dieser Schluss ist verkehrt.

Einspruch – wie Zunder
Was einen beschwingt oder verschlingt
was man erringt und was einen bezwingt
formt und zerreibt
vielleicht nur als Staub verbleibt
und was man voller Sinnenlust beginnt und vergisst
oder was beständig an der Seele frisst
während sich das Herz findet und verliert
ist: Das am Schluss nur der Schluss regiert
niemals abzuwenden oder umzutauschen:
Jeder Einspruch wird wie Zunder verrauchen.

Pfeil und Bogen
Die Zeit ist wie ein Pfeil auf deinem Bogen:
Nach raschem Flug wird dein Pfeil zu Boden gezogen
und so ist jeder Augenblick einzigartig in unserer Hand
aufgenommen und schnell oder sorgsam gespannt
und rasch in Liebe, Lust, Last oder Resignation verflogen
die Flugbahn oft krumm und zuletzt immer gebogen
bis jeder Pfeil sanft oder schmerzlich liegen bleibt
ruhend auf dem Komposthaufen der Zeit.

Es breitet sich aus
Jeder Weg führt irgendwann hinaus
in ein Schweigen namens: Aus
und man wird sich auf dem Weg dahin immer öfter niederkauern
wissend: Es wird immer weniger lange dauern
auch wenn man sich noch sehr mit einem sanften fließen umkleidet
so spürt man doch, wie sich eine unendliche Stille bald ausbreitet.

Geschwind
Der Schöpfung letzter Furz
bringt uns zu Sturz
denn er drückt uns mit einem derben Stoß
in der Erde dunklen Schoß
haben wir auch zuvor viel gelacht und geweint

manches parfümiert und zu manchem gereimt
so kommen so ein Furz und Stoß doch wie der Wind
und wir verwehen – geschwind.

Es geschieht

Die Tage habe ich nicht gezählt
denn ihre Zahl und Dauer ist nichts, das man wählt:
Täglich schleudern sie uns Freude, Trauer und Müdigkeit in die Augen
mal zu-, mal abgewandt – um uns gut zu nähren oder auszusaugen
mit einem sturen Verzehr des schrumpfenden Vorrats unserer Tage
und einem immer geringeren Gewicht auf der Lebenswaage
beladen mit Erinnerungen, Schrecken, Lust und schönen Plänen
- gerne möchte man sich eines ewigen Lebens sicher wähnen
hoffend, dass das Schicksal niemals mit den Fingern schnippt
weil dann die Lebenswaage wohl endgültig kippt
was – wenn man es recht besieht -
leider mit einer gewissen Wahrscheinlichkeit geschieht.

Laufe

Den Tod bekommt man nur einmal ahnungsweise zu Gesicht
als stummes und gnadenloses Gericht
mit einem Abschied und Stoß ohne Wiederkehr
wie eine Strafe ohne Schuld, aber maßlos schwer
als kurzen Moment, der nochmals alles aufrührt
wie eine Verurteilung ohne Einspruch: Unschuldig abgeführt
meist lange vorhergeahnt oder gesehen
und doch mit dem Herzen nicht zu verstehen
denn er ist ohne Zärtlichkeit, Haut und Lippen
ein Abgrund, um uns elend oder stumm in sich zu kippen
denn stetig kommt dieser Henker näher und streckt die Hände aus
lebe, laufe, gestalte schnell – morgen ist es vielleicht aus
und dann bleibt dir nichts weiter mehr
denn der Tod schleicht immer raffgierig umher
und hält oft viel zu früh sein Gericht
so laufe – alsbald verlierst du dich.

Adieu

Die Zeit
verschleißt schnell deine Kraft und dein Kleid
und sie bietet uns kein zweites oder neues an

nur noch ein letztes: Ein weißes Hemd irgendwann
also müssen wir unser einziges Kleid tragen, aufbügeln und flicken
und es einteilen mit seinen zusehends zerknitterten Stücken
denn es wird von alleine mit all seinen Löchern zugig und kalt
nicht schmuckvoller, nur abgeriebener, eingerissen und alt
- bis wir Adieu sagen
und hoffen, wir mögen noch unsere Seele weitertragen.

Staub
Rasch verglühen alle Kometen
sobald sie in die Erdatmosphäre eintreten
um in einem kurzen feurigen Schein
einem auflodern und fauchendes Sein
das schnelle Ende ihrer Reise zu erreichen
und als Staub wieder ihrem Anfang zu gleichen.

Wie man sich auch dreht und wendet
Heute grinste die Vergänglichkeit mal wieder klasse
als eine übel witzelnde, zynische und beständige Masse
so teilnahmslos wie schicksalsvoll
und ich strampelte gegen sie wie toll
irgendwie nach Auswegen suchend
und doch leise hoffend und etwas fluchend
Grimassen schneidend und meinen Stolz kultivierend
souverän kommentierend und doch etwas frierend
- jedoch half und hilft mir das mehr schlecht als recht
und es flackert und sinkt nun mal das Lebenslicht
wie eine tänzelnde Flamme – um mich herum ging schon so manche aus
und vermutlich kommt von nirgends eine nette Ewigkeit oder ein Lob und Applaus
wie sehnsuchtsvoll ich auch meine Tage betrachtete
und jede Freude und Freundlichkeit als Geschenk beachtete
denn es ist nicht zu übersehen: Ich werde absehbar gehen
und dieser Abgang kommt immer zu früh, da hilft kein Verstehen
und ob trotzig, resignierend oder durch Fantasien angenehm geblendet:
Das Erdenloch ist reserviert wie man sich auch dreht und wendet.

Was wird kommen?
Wie sich die Seele mit zunehmender Schwäche und Endlichkeit ändert
wenn man altert, humpelt, keucht, sich müht und nicht mehr schlendert?
Von was hat dann das Herz zu wenig und von was zu viel?

Wird man zärtlicher oder rauer, ungeduldiger oder ruhiger – wie ändert sich der Stil?
Und wo wird man gelassener und was treibt einen harscher an?
Wie erträgt man den täglichen Unfug – und das kommende leere Irgendwann?
Und wird man sich je an die Ungerechtigkeiten gewöhnen
dabei resignieren oder sich hier und da versöhnen
weniger bedrängt und bewegt
gar liebender und sanfter angeregt?
Was also wird kommen?
Nichts was du nicht schon siehst – nur endgültiger und weniger verschwommen.

Zukunft
Ein alter Mantel hing an einem Strauch
abgelegt und vergessen nach langem Gebrauch
verschlissen und voller sichtbarer Stoffwunden
darum wohl weggeworfen und als untauglich befunden
um nun als Vogelscheuche an einem Stämmchen zu baumeln
mit einem schwachen, windgeschüttelten taumeln
als abgelegte und ansonsten verbrauchte Hülle
schon halb eingetreten in das Reich der Stille
nur noch mit verdorrten Blättern im Kopf und im Bein
seine Zukunft? So wird zuletzt auch deine sein.

Mühlrad
Ein Mühlrad
namens: „Es ward"
benennt des Lebens größte Panne
denn zerstückelt wird jede verbliebene Lebensspanne
Tag für Tag zu einem Häufchen Zeiten-Staub:
Die Vergänglichkeit übt sich in stetem Raub
während sie die Lebenszeit packt und mit Metallzähnen zerkaut
und man nichts anderes machen kann als dass man zuschaut
und diese Tatsache irgendwie resignierend oder gelassen schluckt
wobei man am besten fröhlich-sinnlich auf den Augenblick guckt
während man zunehmend aus der Zeit gerissen
spürt: Man wird dies Leben vermissen.

Ton
Eine Sackgasse ist des Lebens Straße
denn am Schluss zerdrückt ein harter Aufprall unsere Nase
und das geschieht gegen alle Hoffnungen mit voller Wucht

verloren ist der mühsam errungene Frieden beim Sturz in die letzte Schlucht
und wie wir uns auch wenden und strampeln – es geht hinab
man wird zuvor schon müde und schlapp
doch man möchte nicht eilen, sondern verweilen
die Stunden endlos sanft und freundlich teilen
auch wenn da hinten schon das Ende der Sackgasse ist
und dieser Anblick ungemütlich an der Seele frisst
weil wir wissen, dass wir endgültig ein Ende erreichen
mag der Blick noch so suchend umherschweifen
um mit Fantasien und Lust ein weiteres reiches Leben zu bescheren
- und doch ist die Zahl der Schritte vor dem Ende kaum zu vermehren
denn was wir auch machen: Dort hinten wird unser Schlusspunkt sein
der Sensenmann geht weder gläubiger Träumerei noch List auf den Leim
und so kommt eines Tages der letzte Schritt
und wir erhalten einen besonders derben Tritt
doch möchte ich wenigstens sagen können: Ich habe und wurde geliebt
schön, dass es das wenigstens eine Zeit dafür gab und gibt
bis man wie ein Ton verhallt
erschöpft alt.

Ungebetener Geburtstagsgast
Mit 60 Jahren hämmert es an die Tür:
Ich bin das Alter und ich will nun endlich zu dir
und du kannst mich nicht mehr wegschicken oder überhören
ich bin gekommen um dich gründlich zu stören
denn deine Jugend und Kraft gehen zur Hintertür hinaus
mit mir kommt die Zeit und sagt: Es ist aus
also öffne mir jetzt deine Tür
denn ich lebe ab sofort dauerhaft bei dir
auch wenn du mir deine Seele erst ganz am Ende gibst:
Weil du als Alte/r immer noch so lebendig wie ein Junger liebst.

Es kommt nicht schlimmer
Trist ist jedermanns Ende
denn es kommt ohne Wende
und es kommt immer
- aber nicht noch schlimmer.

Verstehen
Wer versteht
wohin die Reise wirklich geht
hat gelernt im Angesicht des Todes zu reisen
und mit Leib und Seele die Liebe und Lust zu preisen.

Satt
Warst du auch noch so stolz gewesen
und erschienst dir königlich erlesen
so trägt alsbald nur noch ein Stein dein Zeichen
und alles verliert sich im ewigen Schweigen
und hoffst du auch auf ein „immer weiter"
so zerbricht zuletzt vermutlich auch diese Himmelleiter
samt deinem Geist und allem Fantasiegespinst
ihr Würmer: Wie satt ihr bald grinst.

Hände
Wenn es Zeit ist den Hut zu nehmen
den schmerzenden Schädel niederzulegen
weil der Abschied nicht mehr aufzuhalten ist
und du siehst, dass du nun ein tief Fallender bist
haltlos hinein in eine Erstarrung und Stille
zurück zu der Erde erstickender Hülle
so halte mein Gesicht in deinen Händen:
Mit einem Kuss begann es – und mag es enden.

Räuber
Der größte Räuber: Das ist die Zeit
ob man darüber nun lacht oder weint
sich ablenkt mit Hektik und Geschäftigkeit
oder neue Lebensfäden knüpft voll Beharrlichkeit.
sich aneinander festhält und dabei Neues findet
sich zurückzieht, meckert oder behutsam zuwendet
mit zusammen gepresstem oder lächelndem Mund:
Stets zeigt die Zeit ein sich nähernden Abgrund.

Spät
Der Tod kennt vielerlei unscheinbare Formen
und unbemerkt bleibt oft sein näher-kommen

ist nur ein dünner Schatten deiner Glieder und Gedanken
solange wir rennen, hasten und wanken
bis er uns plötzlich doch ergreift
und kein Plan mehr reift
weil ein Flüstern durch die Seele geht:
Nun ist es spät - zu spät.

Kahn
Wie oft blickst du zurück?
Und wie sehr schaust du auf dein erträumtes Glück?
Denn wie Erde und Mond aneinandergebunden
sich umkreisen und aneinander gefangen bleiben
so bewegen wir unseren mit Wünschen beladenen Kahn
voller Verlangen auf einer sehr vorbestimmten Bahn
an deren Ende ein Schweigen steht
mit dem der Kahn untergeht
- es sei denn, den Seelen bleibt ein Weg
auf dem für sie ohne Zeit und Raum weiter geht.

Alsbald
Das Alter kommt, wenn die Erschöpfung zu lange verweilt
und dir wie eine Krankheit die Kraft zerhackt und zerteilt
so unaufhaltsam wütend wie eine Pest
zunehmend zerbrochene Tage bis zum letzten Rest
mit sinkenden Hoffnungen und Sinnen, steigendem Leid
die Seele niedergedrückt und verwittert der Leib
so schnürt es dir die Luft ein – und du kannst kaum noch klagen
mit unsicherem Gang ist nun jeder Atemzug zu wagen
bis man in sich gefangen bemerkt ganz unumwunden.
Vielleicht bin ich morgen schon verschwunden.

Noch nicht
Er ist gemein
und deshalb eine offene Wunde im Sein
und wird trotz aller Pflaster bleiben:
Tod, du wirst dich - zu früh - zeigen
mit deinem gleichgültigen Schweigen
um mich gegen jeden Widerspruch zur Erde zu neigen
warst du bisher auch fern – plötzlich bist du nah
denn du bist ein treuer Schatten, den ich schon lange sah

ein ständiger Begleiter, still und unbewegt
deine Hände noch nicht auf meine Schultern gelegt
- doch nun gehst du immer näher neben mir her
und irgendwann greifst du zu mit drei Worten: „Es endet hier"
doch bis dahin zeige ich dir meine Lust und Liebelei
denn dein Auftritt wird kommen – aber meiner ist noch nicht vorbei.

Nach wie viel?

Auch wenn wir eine ganze Welt in uns haben
so werden wir doch so unauffällig gehen wie wir kamen
und wir werden wieder nackt sein und schwach
die Sinnenfeuer zu Schluss stiller, doch bis zuletzt wach
mit allen Plänen in der Glut erschöpft und niedergebrannt
eine Rauchfahne aus dem darüber geworfenen Sand
ohne weitgespanntes Hoffen - doch bis zuletzt ein Lieben:
Mehr kommt nicht nach so viel ziehen, zerren, drücken und schieben?

Alter

Du erleidest eine unabwendbare Gewalt
wenn es heißt: Du wirst alt
denn Gewalt wird dir von der Zeit angetan
wenn sie dich langsam zerquetscht mit ihrem Zahn
und deine Kräfte und Sinne zerkaut
ausgesaugt und verdaut
bis du erschöpft nur noch pumpst wie ein matter Falter:
Dann bist du angekommen im Alter.

Für den Moment

Irgendwann kommen sie: Die leeren Hände
lange Flure und weiße Wände
mit einer ruhelosen Suche nach Haltepunkten
doch ohne Heilung der Seelenwunden
denn zuletzt flieht die sinnliche Erfüllung
und jede liebevolle Verführung
- so werden wir mit erschöpften Händen
zwischen den Mauern unserer Seele enden
nach all dem Erlebten, Sehnen und Suchen:
Du darfst darüber auch mal kräftig fluchen
- auch wenn das nichts ändert und auch keine Ruhe bringt
und nur für den Moment überzeugend kräftig klingt.

Antwort

Mit des Bewusstseins Erwachen
erkennt man: Der Tod greift nach allem Hoffen und Trachten
und so grüßen wir täglich aus den Arenen der Todgeweihten
denn in diesem Wettstreit bleibt uns zuletzt nur die Verliererseite
wenn alle Schilde und Netze der Gegenwehr brechen und reißen
und die Zeit dazu ansetzt uns beständig in den Staub zu schmeißen
- doch wir wollen als Kämpfer aus dem Leben schreiten
uns wehren, behaupten, bis alle Kräfte entgleiten
und unser ruheloser Geist nicht länger bekundet
wie sehr wir liebten – oft gestrandet und verwundet
denn die Schicksalsgemeinschaft von Geist, Herz und Leib
hat keine sanfte Alternative zur Sinnlich- wie Zerbrechlichkeit
und so laufen wir, bis uns das letzte Schweigen anschreit
gegen unsere einzige Antwort: Der Zärtlichkeit.

Alter

Die Haut so dünn und faltig wie Papier
bist du Alte/r nicht länger eine erfrischende Zier
also sei froh überhaupt noch von den Jungen geduldet zu sein
mit deinen Falten und wackeligem Gebein
denn die Jüngeren kostest du nun einiges Geld
womit deine Schwäche denen meist weniger gefällt
magst du deine Lebenserfahrung auch gerne zeigen
die Jüngeren möchten sie nicht – sondern aus eigener Kraft Sieger bleiben
und so werfen sie dir gerne alsbald eine Hand Erde hinter her
stört dich die Vorstellung vielleicht auch sehr
und wirst du darüber gar mal ihnen gegenüber laut
so heißt es nur: Ach du mit deinem Gemecker und faltigen Haut.

Dunkel

Dort an der Wand: Ob das nur der Müdigkeit Spuckbild war?
Das ihm aus Erschöpfung und Mattheit bedrückende Bilder gebar?
Und zogen ihn die die dunklen Schatten in sich hinein?
Suchend nach Bruder oder Schwester in ihrem Schattendasein?
Konnten die Schatten nach ihm greifen und ihm was sagen?
Flüsternd und raunend ihn zum Rand ihres Abgrunds tragen?
Und als er am nächsten Morgen ward gefunden
war mit seinem Leben seine Seele entschwunden

und es hieß, er sei wohl krank und etwas verrückt gewesen
niemand erfuhr etwas von seinem Schattenwesen
mit dem er am letzten Abend lange sprach
- bevor seine Zeit wie Glas zerbrach.

Verpufft
An der Flüchtigkeit zu leiden
diesen schlechten Scherz des Lebens kann keiner vermeiden
denn das Schicksal verstreut täglich seine Flüchtigkeit
zerbröselt jeden noch so schönen Moment im Mahlwerk der Zeit
denn was in der Zeit versinkt wird schnell blass und leer
nimmt etwas von uns und treibt uns vor sich her
zieht alle Freuden und Heiterkeit herab in einen dunklen Grund
und spuckt doch versunken geglaubte Lasten wieder aus ihrem Schlund
jede Rast nur ein kurzes Innehalten ohne Aussicht auf ein Bleiben
und selbst die Stolzesten müssen sich vor ihr tief verneigen
denn der Zeiten-Fluss und seine Ankunft stehen unabänderlich fest
von der Unendlichkeit gibt uns die Zeit stets nur Krumen und einen Rest
während sie weiter ihre Geschichten nach einem Zufallsprinzip erzählt
und uns Lebensbahnen ebenso schnell nimmt wie sie neue erwählt
von unseren Hoffnungen überdeckt, bis wir nicht mehr zu ihnen gelangen
wie all die, die eben noch lachten und litten - gekommen und vergangen
und so ist die Flüchtigkeit nicht zu packen und nicht zur Rede zu stellen
in ihrem Fließen zwischen Abgründen und Quellen
ein steter Raub und ebensolches Geschenk an Leben und Luft
bis es heißt: Deine Zeit ist – verpufft.

Gerade erst daran gewöhnt
Man hat sich gerade erst an das Leben gewöhnt
da hört man schon wie ein Toten-Glöcklein tönt
und einen jeden Hörenden zur Eile mahnt
weil absehbar ein schnödes Ende naht
und so werden die Schritte nochmals schneller
mancher sucht jetzt ein ewiges Licht - doch es wird nicht heller
also rennt und stolpert man voran
nur fort von diesem letzten Irgendwann
das sich einem alsbald in den Weg stellt
und einen im Lauf abrupt anhält
einen ergreift, erdrückt und in die Erde zerrt
Sinne, Flüche und Hoffnungen zertrampelt und versperrt
in einem finsteren Loch, gemauert aus Erde und Nichts

zur Vergänglichkeit allen Lebens und Lichts
um zuletzt - wie schwer manch Leben auch war - Wurmfutter zu sein
als Erde verstreut – das ist das letzte Heim
und man hatte sich doch gerade erst ans Leben gewöhnt
und schon geschieht's, dass das Totenglöckchen ertönt
ein Ton ohne Antworten – oder kommt noch mehr?
Man wünscht es sich – aber soweit man heute sehen kann ist es still und leer.

Weg
Die Zeit zerschneidet Sinne und Herzen
mit Schmerzen – da kannst du noch so scherzen
und lieben und rennen oder pennen um es zu ertragen
reden und schweigen, poltern und lächeln um nicht zu verzagen
denn hat die Lebensuhr eben noch laut und regelmäßig getickt
werden wir im nächsten Moment wie Obst abgepflückt
denn niemals ist unser Weg wirklich lang und weit
- sieh doch, wie er sich täglich mehr neigt?

Vorboten
Etwas langsamer als früher hebst du dein ergrautes Haupt
die stolzen Züge sind nun tiefer zerfurcht und aufgeraut
und kreuz und quer künden eingekerbte Falten
vom all dem, was war – und nie ward abzuhalten
und so sind die Gedanken schon von manchem Ende geprägt
wie mit Eisenringen eng um das Herz gelegt
und manche von langem Warten zerschunden
zu kurz oder zu leise zum Schwingen gebracht – nun ausgeklungen
und doch hebst du wieder und wieder dein graues Haupt
mit festem Blick und geduldig, freundlich, nicht laut
siehst an dir herab wie an einem zeit- und wettergegerbtem Kleid
oft mühevoll getragen durch die Zeiten der Liebe und Verlorenheit
und spürst die Weite wie auch Enge des Lebens in und um dich herum
all die Wege: manche erstaunlich gerade und viele leidvoll oder krumm
und es ist eine Ansammlung voll von Suchenden
von Wartenden, Bittenden und Rufenden
und so setzt du dich nieder, den Kopf zwischen die Knie gelegt
von der Welt manchmal abgestoßen und dann wieder angenehm bewegt
und siehst die unendliche Stille am Horizont - ohne Leben
ohne Melancholie und ohne sinnliches Beben
und es sind diese Schatten, die sich immer mehr um dich legen
als Vorboten – vielleicht werden sich dich bald mit sich nehmen

- doch heute soll es nochmals all die starken Impulse geben
und darum wirst du dich nicht vor dem letzten Moment niederlegen.

Stille

Irgendwann wirst du schmerzvoll ans Ende gesetzt
und siehst: Bis hierhin hast du dich oft zu sehr getrieben und gehetzt
und dann kommt der Moment in dem alles so bitter wie stumm verraucht
Sinne und Hoffnungen aufzugeben sind: Sie sind verbraucht
und deine letzte Verwandlung beginnt: Zu Wasser, Erde und Staub
und selbst das wildeste Lieben wird der Zeiten Raub
wie alle Pläne: Einst aufgetürmt, nun zerfasert und niedergedrückt
und all jene, die hoch und schön waren werden nun erstickt
mit jedem Schritt in die Stille
ohne schützende Hülle.

Ich halte daran fest

Die Zeit bietet nur ein kurzes Schweineschwänzchen
        und umso eifriger halte ich mich daran fest
zertrampelt diese Sau auch manch beschauliches Kaffeekränzchen
        so meidet sie mich hoffentlich noch eine Zeit lang wie die Pest
denn ständig schnüffelt sie an allem Lebenden und toten Dingen
        und ist dabei ein unendlich ausdauernder Geselle
um mit Lust Lebenszeiten zu verschlingen
        niemand findet dagegen eine geschützte Stelle
doch ist mein Lauf auch nur von begrenzter Beständigkeit
        so halte ich mich darum umso mehr daran fest
damit der Vergänglichkeit Ungnädigkeit
        mich heute noch nicht fasst.

Adieu

Zum Ende kommen wir nun, liebe Gäste und Begleiter
denn keine Reise geht ewig weiter
war sie auch lustvoll und nahm bisweilen kräftig Fahrt auf
so ging sie doch täglich bergab und -auf, aber nicht oft ganz hinauf
und die höchste Kuppe war eher als bemerkt erreicht
doch es dauerte bis man merkte, dass es zunehmend einem Sinkflug gleicht
wobei die Landung oft kein ausruhen, sondern ein aufschlagen war und ist
weil du und ich zuletzt zwischen Brettern und Erdklumpen gelandet bist.

Drehe dich nicht um
Dreh' dich nicht um
denn der Tod folgt dir stumm
also bleibe nicht stehen
sonst wirst du ihn schon nahen sehen
und umgebe dich mit Wärme und Licht
morgen versperrt dir vielleicht schon seine Nähe die Sicht
und blicke nicht zu viel zurück
stete Erneuerung braucht das Glück
mit der Sinnlichkeit und Kraft deiner Gefühle
also stürze dich hungrig in des Lebens Gewühle
und verlasse die Fallgruben der Enttäuschung – ermatte nicht
springe über die Schatten und Fragen, solange die Kraft nicht bricht
denn früh genug fällst du in eine Kluft hinein
und bist nach maßlosem Schreck nur noch Gebein
- also drehe dich nicht ständig um
denn du weißt es auch so: Der Tod folgt dir stumm.

Immer und überall
Vorüber geht der Tod auf leisen Sohlen
denn heute kam er noch nicht um dich oder mich abzuholen
doch sieht er im Vorübergehen schon mal kurz zu uns her
eingehüllt in sein Dunkel, schweigend und leer
denn er bleibt nie stehen und fegt Liebende und Wütende gleichermaßen weg
unterschied- und wortlos ohne jeden Zweck
wenn er herantritt und nicht mehr weicht
und mit einem Nein nach jedem Leben greift
- was nichts lehrt außer: Er kommt in jedem Fall
zu jedem immer und überall
was man auch immer tat, betete oder dachte
und sich das Leben schwer oder leicht machte.

Begleiter
Das eindrucksvollste am Tode ist
wie er jedes lebenslange Geheimnis frisst
und ohne Gehör und Rücksicht zerschlägt
nichts übrig lässt und nichts abwägt
ohne Einsicht, Verständnis oder List
alles zertrampelt und wie er nichts nach der Liebe misst
denn der Raub und das Verschlingen sind sein Elixier
ein streunender Räuber - mit so einem leben wir

sehen ihn wirken und können doch nichts tun
nur neben ihm herlaufen ohne zu ruh'n
mitnehmen und gestalten, was in unserer kurzen Zeit
uns zu lieben, zu gewinnen und zu verlieren bleibt
bis zum Moment ohne weitere Frist
- womit das Schönste vorüber ist.

Kutschfahrt

Illusionen - ihr seid schwankende Begleiter
mal strahlende, gebeugte und durchgeschüttelte Reiter
und all die Träume – ihr seid vor einen schweren Karren gehängt
oder in kleinen Schatztruhen versteckt und eingezwängt
während die Kutsche sich selbst über holprige Wege lenkt
bis sie dich irgendwo am Wegesrand zum Aussteigen zwingt
weil der Kutscher entscheidet: Weiter wirst du nicht gebracht
hier ist Schluss – genug gearbeitet, gefürchtet, geliebt und gelacht
also steige aus, es ist vorbei - so vergehe hier zu Erde
füge dich in des Vergessens Schweigen und Schwere
und ob du dir die Ewigkeit ausmaltest als Himmel oder Hölle
für dich ist dieses Erdreich nun deine Ankunft und letzte Stelle
denn du hattet allen Lohn und Strafe: Du bist eine Zeit lang mitgefahren
nun raus – es sind unendlich viele, die hinter dir sind und vor dir waren
so gehe also stumm, lächelnd oder jammernd – deine Zeit ist vorbei
unerfüllte Träume? Hübsche Illusionen? Das ist nun einerlei
doch die haben dich immerhin bis hierher etwas geschützt und getragen
sie waren dein Leben manchmal mehr als dieses – gegen alles Verzagen
jetzt aber lege sie ab, du darfst nur noch kurz in dir schweben
noch ein Kuss, ein Händedruck – und dann musst du gehen.

Wende und Ende

Wir gehen alle einen Weg bis zum Ende
manchmal mit einem ewigen Hoffen auf eine Wende
auf irgendeinen Zufall oder Himmel, der uns erhört
und uns weg von unseren mühsamsten Wegen führt
um zuletzt nach all dem Enden und Beginnen
all den Verlusten und Gewinnen
festzustellen: Wir kommen zum Ende
und das ohne Wende.

Hafen

Zum Abschied zwingt einen jeden der Tod
denn an seinem Hunger ist keine Not
flackern die Seelen auch noch so hell
zu früh ist der letzte Fährmann meist zur Stell'
und hat er dich auch heute noch nicht erwählt
so kommt der Moment an dem man ihn bezahlt
denn jeden Tag wird er näher bei dir anlegen
um deine Seele zu fordern und aufzunehmen
damit sie seinen dunklen Hafen findet
und entschwindet.

Nimmermehr

Der Liebsten Lippen, Augen und Hände
ruhen schon lange: Nichts überwindet dies Ende
und die noch lebenden Seelen sind selten wirklich satt und oft schwer
wandern vor diesem Ende ruhelos auf und ab, hin und her
mal überschäumend, mal gedrückt, mal flau oder zu leer
gefasst oder stolpernd mit einem Raunen im Ohr: Nimmermehr.

Kraft

Schatten der Verlorenheit: Sie weichen nimmer mehr
schmiegen sich an, eng, gallig und schwer
murmeln unaufhörlich mit lastenden Worten
reden von nie erreichten, fernen Leben und Orten
und erinnern an den unausweichlichen Abschiedstrunk
- so führst du dir deine Visionen wie ein Glas an den Mund
um dir zu zeigen: Heute darfst du nochmals verweilen
auch wenn wir alle ruhelos dem Ende entgegeneilen
als Wanderer durch Hitze, Frost, Lachen und Tränen
die sich am Rande der Schatten bewegen
doch noch zieht es dich nicht in die letzte Dunkelheit
diese Erstarrung, die Seele und Körper entzweit
ohne Haut, Sinne, Vereinigung und Liebe
in der Erde steinigem Geschiebe
und darum begrüßt du weiterhin jeden neuen Tag ohne Wiederkehr:
Heute hast du noch die Kraft gegen die Schatten in dir.

Kein anderer Lohn

Was ist am Schluss für alle Mühen der Lohn?

Schweigen, Schmerzen, Einsamkeit oder der Hilflosigkeit Hohn?
Und wirst du protestieren und dich winden
der Tod möge dich heute noch nicht finden
auch wenn die Schlinge sich schon zusammenzieht
dass deine letzte Zuversicht schrumpft und flieht?
Doch vielleicht wirst du nicht mehr fragen
um das Erlöschen irgendwie still zu ertragen
und dich „einfach nur" niederlegen
um „ein wenig schlafend" zu vergehen
nach allem Lachen und aller Fron
denn das Ende hat keinen anderen Lohn.

Schluss
Heute wollte er/sie noch mal mehr
und so geschah es: Er/sie starb beim wildesten Geschlechtsverkehr
die Sinne im heftigsten Rausch und das Herz am rasen
doch dann konnte er/sie plötzlich kein Lüftchen mehr aus der Lunge blasen
und so kippte er/sie vollends mit ganzem Gewicht auf ihn/sie
auf den Bauch, die Brust und zwischen die Knie
was für beide besonders beschwerlich ward
denn der Schluss war zwar wild – und für keinen von beiden zart.

Noch ein Moment
Seelen und Körper: Weggewischt
Sehnsüchte und Hoffnungen: Abgefischt
Leben aus- und abgelebt: Umgefallen
Liebes- und Schmerzlaute: Sie verhallen
und so ist, war und wird es immer bleiben
es ist ein munterer, gemeiner und hungriger Reigen
mit vielen Versuchen und Protesten, die zuletzt verlöschen
sobald Erschöpfung und Abschied uns beiseite wischen
dann nach all der Lust und Freundlichkeit kommt es mit gründlicher Reinlichkeit
dass der Tod leise flüstert: Es ist nur noch ein kurzes Atem-holen der Zeit.

Der Moment
Da saß er gebeugt und den Schädel abgelegt auf seiner Hand
sinnend über das Heute und den näherkommenden Lebensrand
mit diesem Abbruch und Sturz, den nichts mehr hemmt
der keinen Halt und keine Hoffnung mehr kennt
und so betrachtete er des Kerzenlichtes schwankenden Schatten an der Wand

er war ein ihm tröstlich vertrautes und doch dunkles Band
und er konnte die Vorstellung mächtigerer Schatten nicht mehr vertreiben
denn sie wollten sogar mit Wein und Humor immer intensiver in ihm bleiben
und so schlief er mit seinen Gedanken irgendwann ein
morgen ist noch mal ein Tag – der ist wieder mein
- doch den nächsten Morgen sollte er nicht mehr erleben
verschieden im Schlaf – man hat ihn von seinem Notizblock gehoben
auf dem nichts weiter stand
als: Schatten - wann ist euer Moment?

Kann man sich sparen

Du denkst an dein Vergehen?
Möchtest nicht – und musst doch - auf das Ende sehen?
Kannst den Blick nicht wenden
von dem kommenden Enden?
Bemühst versteckte Hoffnungen zur Erträglichkeit
gegen das unerbittliche Mahlwerk der Zeit?
Doch mögen der Schluss und das Danach deine Seele auch arg verdrießen:
Du wirst weder dahinter sehen noch mit dem Tod einen Handel abschließen
und so bleibt jedes „Taktik" wie man mit dem Nichts am Schluss umgeht
etwas, dass man sich sparen kann, weil alles sowieso verweht.

Unverständlich

Das Ende kommt – das ist sicher
und der Ausblick darauf ist oft bitter
denn es wird vielleicht kein Wiedersehen geben
und doch hoffen wir es – dies ist nicht abzulegen
ob wir nun einen Grund dafür haben oder nicht
etwas anderes entspricht nicht des Lebens Licht
also hoffen wir auf unsere Ewigkeit - flehentlich
ist diese auch rational recht trügerisch
doch für das Herz ist etwas anderes kaum möglich:
Denn das Nichts ist für das Leben nicht verständlich.

Zum Abschluss

Was bleibt bis zuletzt zärtlich und schön?
Was werden wir am Ende noch gerne seh'n?
Welche Fragen werden uns noch bedrängen?
Und welche werden lastend an uns hängen?
Es sei die Frage nach einem Wiedersehen

um nicht ohne Dich und Euch der Erde entgegen zu gehen
denn Größeres ist nicht zu erwarten:
Die Ewigkeit zeigt uns nichts von ihrem Garten.

Das kommt
Wie bist du so stille?
Wie sehr verstummt ist schon dein Wille?
Greift etwa der Knochenmann schon nach dir?
Malt die Umrisse deiner Grube zwischen Sand, Steinen und Getier?
Doch deine Sehnsüchte und Lasten treiben dich noch unvermindert an?
Kälte und Hitze halten dich immer noch heftig in Bann?
Und du hast noch Liebe, Kraft und ein unruhiges Gehirn?
Fern ist dir darum noch jedes gefräßige Gewürm?
Du bist noch lange keine Hülle, die in der Erde ruht
keine erloschene Welt – so mühsam wie schmerzlich und gut?
Doch auch deine Hülle wird bald verstreut unter modrigem Laub
verteilt und umgegraben als Erde und Staub
und keine Fragen suchen dann mehr nach Sinn und Gerechtigkeit
alle durchtrennt von der unbarmherzig eilenden Zeit
- also blickst du weiter vor und zurück, hinauf und hinab
siehst das Kommende wie Gewesene, hast du die viele Herzlosigkeit auch satt
und wirst weiterhin neugierig warten bis der letzte Moment anbricht
und nichts mehr folgt – du willst es erleben: Das Letzte ohne Zukunft und Gesicht.

Im Mahlwerk
Die letzte Erfahrung: „Es ist aus"
kommt mit einem: „Du musst aus allem raus"
einem immer heftigeren: „Es ist alles vorbei"
mit einer winzigen Hoffnung: „Vielleicht bin ich danach doch noch irgendwie dabei"
denn eigentlich willst du ohne Ende Leben und Liebe
mit der frohen Lust und Kraft deiner Sinne und Triebe
gegen das Knirschen und Brechen der Vergänglichkeit
im universellen Mahlwerk der Zeit und der Erde Gleichgültigkeit.

Begleiter
Er schleicht in unserer Nähe herum
und mal erwischt er einen laut, mal stumm
und wir können nur raten wen er als nächstes raubt:
Wen packt er demnächst an Herz und Haupt?

Denn oft verzichtet er darauf vorher anzufragen
sondern kommt wie ein Blitz um einen mitzunehmen und zu begraben
während wir noch hoffen: Nicht dies seien jetzt die letzten Sekunden!
Wir brauchen doch noch Jahre, Monate, Stunden!
Und wenn wir dann doch mit ihm gehen, morgen oder heute – davon und dahin:
Werden wir noch mal ein liebes Wort finden als letzten Sinn?

Seit Anbeginn
Der Tod wird vielleicht sogar deine Seele ausweiden
langsam oder überraschend fesseln und zerschneiden
stumm befehlen gegenüber deiner sehnsüchtigen Sinnlichkeit
und alle Rufe nach Aufschub verhallen auf der Richtstätte der Vergänglichkeit
hast du dich auch noch so sehr bemüht beizeiten einen Beistand im Himmel zu
suchen
und für eine ewige Bleibe und Zärtlichkeit schon im Leben irgendeinen Gott
angerufen
so wird zuletzt alles stumm und taub - denn leer werden deine Hände
auf dieser Wanderung ohne ein Zurück oder andere Wende
denn alles wird dir irgendwann abgenommen
auch deine Verlorenheit - seit es begonnen.

Begonnen und verronnen
Bei der Geburt kommen oft ein Schrei und heftiger Schmerz
und am Ende ist es ein langer oder kurzer Sturz mit brechendem Herz
im dem alles Hoffen sich krümmt und versinkt
weil der Tod nun mal alles ergreift und verschlingt
und oft nur der Glaube an ein Weiterleben die Lebenden sanfter leben lässt
und ihnen ihre Freude nicht schon vor dem Ende ganz aus der Seele presst
also greifen manche/r mit erfundenen Geschichten nach einem Gott
und geht vielleicht etwas gelassener auf des Tod Schafott
denn der sammelt so oder so alle Seelen
ohne Unterschied, dass sie verwehen
hat es auch zumeist mit Hoffnungen begonnen:
Schau, schon ist es verronnen.

Verbunden
Du bist gegangen
und meine Seele eilt dir hinterher
sie will dich weiterhin spüren und fangen
doch das Ende - es geht nun nicht mehr

aber wieder und wieder öffnet sich für dich meine Hand
und mein Blick schweift über das Meer
denn ich fühle deine Seele wie ein mich sanft umgebendes Band:
Ich komme bald - und dann gerne - hinter dir her.

Tod und Träumer
Tod: „Du Träumer, Einspruch kommt bei mir nicht vor
sonst stünde ich jetzt nicht vor deinem Tor
und all deine Vorräte kannst du nun liegen lassen
wo du hin gehst wirst du nach nichts mehr fassen
denn auf deine Seele wartet ab jetzt nur noch das Sternenlicht:
Ich bin deine letzte Begegnung – mehr ist nicht in Sicht."
„Doch halt, ich träume, ich sehe all meine Geliebten wieder
und die Zärtlichkeit singt noch viele schöne Lieder
denn du wirst mich nur in eine andere Form begleiten
Tod – du wirst mir kein Ende bereiten."
Und so stehen sich Tod und Träumer seit jeher gegenüber
und wer gewinnt? Bestimmt sehen wir uns wieder.

Vollbracht
Der Satz: „Es ist vollbracht"
steht am Anfang einer ewigen Nacht
in der das Vollbrachte nichts mehr zählt
und das Unvollbrachte nicht mehr quält.

Glaube
Du glaubst du hast noch viel Zeit?
Bisweilen irrt man sich da um eine „Kleinigkeit"
denn hinter der nächsten Tür steht vielleicht schon Gevatter Tod
und zerbröselt gerade dein letztes Brot
während du noch an viele Vorräte glaubst
und meinst, dass du dem dunklen Gesellen noch lange seinen Auftritt raubst
indem du ihm die Türe gedanklich beherzt vor die Nase haust
dass es ihm noch für viele Jahre in den Ohren braust
und er dir irgendwie aus dem Wege geht
obwohl er schon ziemlich dicht neben dir steht
- was man aber zumeist nicht sieht
weil der Gevatter fatale Überraschungen liebt.

Mut-Macher
Eines neuen Tages Licht
strahlt mir ins Gesicht:
"Stehe auf, du müde, verlangende, gefährdete Kreatur
ein neuer Tag – sage nicht, das wäre eine Wiederholung nur
denn es gilt wieder loszustürmen, zu erschaffen und zu verlieren
dieses zu vergrößern und jenes zu minimieren
und deine Müdigkeit, Erschöpfung? Die interessieren nicht
heute hast du noch mal für dein Leben genug Kraft und Licht
also entwerfe neue Pläne, spiele den Souverän oder gib den Clown
glaube nichts, labe dich an Visionen und nutze der Liebe Schaum
streue Freundlichkeit und Zuneigung für dich und andere aus
ummantele manch Graus und spare nicht mit Applaus
und treibe dich weiter an auf deiner ruhelosen Jagd
noch bist du da und gehörst – teils - dir für diesen Tag.

Nächste Moment
Als letztes Abenteuer wirst du einen grenzenlosen Abschied erleben
du kannst dich wehren wie du willst – du wirst ihm erliegen
und du fällst erschöpft in einen letzten schwarzen Punkt
das Herz zerrissen wund
durch keine Gedanken oder Hoffnungen abzuwenden
so wirst du maßlos verstummend enden
- also liebe jetzt und lass das Morgen kommen
der nächste Moment ist dir noch nicht genommen.

Das darfst du dir leisten
Ahnst du schon das Ende deiner Lebensreisen?
Dann darfst du dir ruhig mal etwas Panik leisten
denn du hast dazu allen Grund
beim Blick in den tiefsten Schlund
den das Leben dir dann noch bieten kann:
Statt oben oder unten kommst du im Nirgendwo an
in einem Bett aus und unter der Erde
dass aus dir wieder Wasser, Wind und Sand werde.

Es steht fest
Für manche ist das Schachspiel des Lebens schon verloren
vor ihrem ersten Zug – sie wurden auf zu schwacher Position geboren
denn bricht auch ihr Angriff mit Kraft und Willen trickreich los

so fliegt ihre Figur recht bald vom Brett gefegt zurück in den Schoß
und sie können ihren Spielstein nur noch kurz festhalten
von Anfang an konnte man zu leicht über sie walten:
Ein Feld nach vorne gerückt - dann haben sie verloren:
Es stand fest seit sie geboren.

Guter Schlaf
Weil er selig und tief einschlief
hörte er nicht wie der Tod ihn beim Namen rief
womit er stille aus dem Leben schied
- und weiteres Ungemach vermied.

Gedränge
Blieben all die Toten körperlich auf Erden
dann würde das Gedränge die Lebenden ziemlich beschweren
und sogar als Geist würde ständig einer durch dich oder neben dir schweben
- wie könntest du dich dann noch unbeschwert liebend zu einer/m anderen legen?

Sterngucker
Ohne eigenes Zutun trat er in das Leben ein - und aus
dazwischen lagen Lust, Liebe, Wut und manch Graus
und ein Blick hinauf zu der Ewigkeit der Sterne
- diesen Ausblick hatte er besonders gerne -
doch nun geschah es das sich das Schicksal wendete
und sein Blick zu den Sternen endete
womit nur noch sein Name auf einem Stein blieb
den ein Steinmetz auf den Grabstein schrieb.

Zusammenfassung
Der Mann hatte sein Ohr zum Mund des Sterbenden geneigt
der leise sprach, was sein Lebensmittelpunkt ward all die Zeit':
"Die Suche nach Liebe und Lust – das war's an jedem Tag
ich wollte mich spüren – und das, was ihr und euch am Herzen lag
Geheimnisse? Ich liebte mehr als es möglich war und ich zeigte
doch oft war ich vom Alltag so erschöpft, dass die Möglichkeit fehlte
und ob ich jetzt an ein ewiges Leben glaube im kommenden Dunkel?
Ich glaube nicht und hoffe doch umso mehr – meine einzige Chance gegen des Todes Furunkel
denn der Tod war mir nie etwas, dass das Leben anstößt und steigert

es waren das Lachen und die Lust, die das Leben achtet und feiert
ansonsten sah ich keinen gütigen Stern oder Himmelsschein
doch Zuneigung und sanfte Geborgenheit: Sie linderten meine Zweifel und Pein
so komm – einen langen Kuss möchte ich dir noch geben
denn das ist es was am meisten zählt im Leben."
Und als der Zuhörer nach Minuten sich erhob
hatte er zugegriffen: Der Tod.

Schluss

Sucht deine Seele einen sicheren Ankerplatz?
Oder ist dein Leben ein nie bedrohter Schatz
und deine Seele kein wackeliges Gefährt
und kennt keine Stürme, von denen mancher Übelkeit beschert?
Doch wie geschickt du deine Seele auch schützt, versteckst und wendest
es kommt der Tag, an dem du endest
weil sie fallen muss
über drei Worte: Nun ist Schluss.

Was bleibt

Was bleibt mehr als ein Grabstein und Scherben
wenn die Erben deine Sachen aussortieren und bei Seite legen?
Denn da ist wenig soweit es nicht um Geld und Häuser geht
mit und in denen die nächste Generation gerne weiterlebt
zudem kann niemand lange mit der Aufteilung warten:
Der Tod bestellt durch Vergänglichkeit alsbald eines jeden Haus und Garten.

Begleiter

Tod, du viel zu lebendiger Gesell'
was folgst du mir so dicht und schnell?
Ich bin für dich doch heute oder morgen noch nicht bestimmt
bleibe fort, weil noch genug Sinnlichkeit und Kraft in mir sind
und habe Geduld - ich schaue dich doch schon täglich an
du weißt sowieso: Ich entkomme keine Sekunde deinem Bann
aber bleibe heute noch fern, geh' vorbei und warte nur
du wirst mich bekommen, beharrlich und stur
und machst du auch nie für einen Laut deinen Mund auf
so trittst du mir doch eines Tages befehlend in den Lauf
um mit stummer Geste über alles Leben zu triumphieren
- doch heute lasse mich noch nicht verlieren
denn ich habe noch zu lieben und genieße das Licht

du bist nur Auflösung – mehr bist du nicht
und du hast schon viel zu viele zu früh zerbrochen
bist niederträchtig in junge Seelen gekrochen
so kalt wie ein steinerner Geselle
und so bist du fast immer zu früh zur Stelle.

Segen

Beim Abschied von der Welt
überreicht man am besten den Erben ein nettes Säckchen Geld
weil dann wenigstens den Erben der Abschied etwas – und später recht gut - gefällt
wenn jeder der Überlebenden mit dem Geld mehr von der Welt in Händen hält
wofür sie einem auch dann und wann mal ein Blümchen auf das Grab legen:
Was war der oder die Verstorbene doch für ein Segen!

Zum Schluss

Ein neuer Tag: Bringt er Erschöpfung und Bitterkeit?
Oder Liebe, Zuneigung und Herzlichkeit?
Steige ich auf oder zieht es mich hinab?
Reicht die Kraft zur Zärtlichkeit oder mache ich schlapp?
Ruhen wir sanft in uns wie in Orpheus Armen?
Oder brauchen wir unser ganzes Vergessen zum Erbarmen?
Und was wird uns noch begegnen und was davon wollen wir sehen?
Was ist bei allem Wissen doch nicht mit dem Herzen zu verstehen?
Und was bleibt uns auch heute wieder fern
und was oder wen hätten wir doch so gern?
So frage leise und liebe mich heute Abend dabei
dass zum Schluss der Tag gut zu uns sei.

Betrachtung der Welt

Da sitzt er / sie nun vertieft in die Betrachtung der Welt
die ihm oder ihr an sich ganz gut gefällt
und so lässt man sich treiben im Strom der Zeit
ohne Panik, ist das Ende auch niemals weit
denn da in diesem Falle die Angst wenig nützt
ist es vernünftig, wenn sich die Seele vergessend schützt
gelassen treibend auf den Wellen der Zeit
damit ihr heute eine angenehme Brandung bleibt.

Ahnung
Mehr und mehr
kleben die Jahre an dir wie Teer
und drücken dich schwer
täglich mehr
und kommt dann der Schluss
der irgendwann ja mal kommen muss
so wirkt er – obschon lange geahnt - wie ein Hammer
und beschert dir reichlich Jammer
weil er in jedem Falle wie ein grobes Eisen niedersaust
- was dir Körper und Seele gründlich zerzaust.
Gelernt
Um nicht zu leiden
lernt fast jede Seele sich irgendwann zu bescheiden
und dieses Lernen geht bis zum Schluss
weil es zur Abwehr von Schmerzen nun mal so sein muss
- nur ganz am Ende hilft es nicht mehr sich zu bescheiden
denn das Nichts ist einfach nichts - und damit weder abzumildern noch zu vermei-
den.

Kreuzung
Du gehst nun ohne mich weiter
        ich muss einen anderen Weg gehen
und ist diese Kreuzung nach all den Jahren auch nicht heiter
        so hilft kein Reden - leider bleiben wir beide nicht in uns ruhend zusammen-
stehen
allerdings werden wir uns in Gedanken immer noch haben und hören
        und bitte erlaube: Ich werde bei dir sein – aber nicht viel stören.

Schweigen als Salbe gegen Schmerzen
Ein tiefer Abschied liegt manchmal in wenigen Worten
oder in ruhigen Betonungen – gleich nie erreichten Orten
wie Tage, nur mit Hoffnungen und Träumen bereist
von der Realität übersehen, vergessen und verwaist
um nun mit Schweigen und Stille einen Schutz sich geben
und unverletzt zum nächsten Moment weiter zu gehen
mit Schweigen als einer Brücke über Abgründe gespannt
auf das man an ohne Sturz einen Tag weiter gelangt
um vielleicht Erregung und Zärtlichkeit wieder zu finden
und sich erneut in das Leben einzubinden
bis man am Ende ist

und die Welt nur noch vermisst
mit einem tiefen Schnaufen:
Die Zeit ist abgelaufen.

Weihnachtskonzert

Während in der Kirche so manches Weihnachtslied die Herzen erwärmte
weil so manche/r dabei von der Sanftheit eines Festes der Liebe schwärmte
sah ich mich um - und was ich sah war des Todes baldige Ernte
was nun so gar nicht meine Seele wärmte
denn viele im Raum hatten die 70er und 80er Jahre ihres Lebens überschritten
hier musste der Tod nicht mehr lange um Körper oder gar Seele bitten
denn so manche/r war an diesem Abend seinem Ende schon mehr nah
als es dem Betreffenden bei den schönen Liedern und Lichtern angenehm war
auch wenn sie alle die Weihnachtslieder voller Hingabe sangen
- war nicht da und dort in der Brust ein heimliches bangen
die Lieder könnten dieses Jahr die letzten sein
nach all dem festlichen Kerzenschein?

Schachmatt

Du hast keine Angst vor dem Tod?
Dann überspringst du souverän all die Not
die der Abschied ins Nichts einem jeden gibt
der diesem Moment ohne Hoffnung in die Augen sieht
- es sei denn, du liebst so sehr
und gibst eine gelebte innige Zärtlichkeit gedanklich nicht mehr her
womit der Tod auf Erden keine Macht über dich hat:
Du setzt ihn liebend schachmatt.

Antworten

Reden wir mal ausführlich über das Leben
also über unser Geben und Nehmen
denn über die „Alternative" - den Tod - gibt es nichts zu sagen:
Zu diesem Nichts kann man nicht antworten und oder fragen
und wenn es etwas mit Gewissheit gäbe so schlüge es einem vielleicht auf den Magen
- also küsse mich jetzt ohne weiter zu fragen.

Lebensspanne

Sie kommen und sie gehen

mit 20, 40, 60 oder 80 Jahren dazwischen
und können kurz in die Ewigkeit sehen
für das unendliche Universum ist es nur ein kurzes Zischen
kaum mehr als ein Augenzwinkern und Wimpernschlag
und doch für uns mit der ganzen Unendlichkeit einer Liebe
für das Universum nur ein kurzer Blitz und Donnerschlag
doch für uns der Aufstieg und Niedergang unserer eigenen Erde.

Schnöde

Stets kommt das Alter ungelegen
sobald man merkt wie mühsam sich die Knochen bewegen
und die Kraft verweht wie aufgewirbelter Sand
was der Zeit mit einem leichten Windstoß gelingt
weil Rücken, Knie und Hände versteifen
womit unaufhaltsam die Einsicht und schmerzliche Akzeptanz reifen
dass es dem Alter leider an netten Alternativen fehlt
wenn es schnöde abwärts geht.

Schau, da geht es hin

Am Ende wartet der Tod:
denn nur damit werden wir „belohnt"
nach all den Schmerzen und Launen
Bitterkeiten und dem unerfüllten Raunen
allem Gedröhn und Schaum der Eitelkeit
vom Anfang bis Ende unserer Zeit
- und du wolltest woanders ankommen?
In einer Ewigkeit, einer Herrlichkeit? Verronnen
mit dem letzten Lachen und der letzten Drehung
dem letzten Kuss - der letzten Blähung.

Gelernt?

Wenn der eine endgültig voraus geht
und der andere später ihm nachzieht:
Wie werdet ihr euch dann wieder begegnen
im Jenseits nach all der Jahre Mühe und Segen
um das Universum dann sanft zu durchschreiten
und einander durch die Unendlichkeit zu begleiten?
Werdet ihr Milliarden gelebten Leben begegnen
die in einem Raum außerhalb aller Zeit schweben?
Wie also werdet ihr euch dann erleben und erscheinen?

Wandern eure Seelen dann auf schwachen oder kräftigen Beinen?
Und genießt ihr euch vielleicht als Teil einer Unendlichkeit
herausgehoben aus allen Grenzen und Schranken der Zeit?
Und habt ihr dann gelernt so mit den Sternen zu ziehen
um behutsam auf euch und alle Lebewesen zu sehen?

Schaue nicht zu lange in den Spiegel
Lange schaust du ihn den Spiegel:
Tief eingeprägt hat dir die Zeit ihr Siegel
mit Falten in die Haut und in die Seele gedrückt
viele Seiten eines dicken Buches und vorbei ist schon manch Lebensstück
also stehst du vor dem Spiegel, stumm und etwas stur
musterst dich, wartend, trotzig, hoffend – war es das nur?
Mit einem Blick, der tiefer geht und sucht und tastet
was unter der Oberfläche der Haut und Seele noch lastet
siehst du: In weite Ferne rückten schon etliche Ziele und Spitzen
der Alltag ermüdet mit all seinen Löchern und Pfützen
und so versinken die Wünsche nach und nach in Sümpfen
selbst die kühnsten Papierschiffchen mit ihren kunstvollen Rümpfen
denn auch die ziehen schon wie Gespensterschiffe umher
und sie tragen nicht mehr viel und bewegen sich schwer
aber du hast noch die Kraft, den Alltag hübsch zu kleiden
ihm Farben zu geben, zu lieben und Grimassen zu schneiden
- also schaue nicht zu lange in den Spiegel, denn er zeigt nur die Spuren der Zeit
die schon verging und nie die, die dir noch bleibt.

Es bräuchte mehr als ein Leben
Mit Worten und Reimen ist es oft kaum mehr
als ein Torkeln und Hecheln den Dingen hinterher
mit Papierschiffchen für den Tag - gesunken zum Abend
erdacht und losgeschickt, beladen und labend
ein etwas geformtes und auch erdachtes Leben
mehr der Fantasie als dem Erreichten übergeben
mit schönen Visionen bemalt und schaukelnd im Wind
manche nie und andere gekentert geschwind
doch was bleibt, sind Erinnerungen und Schatten
denn Leben und Leib ruhen schnell zwischen hölzernen Latten
vergraben und den Käfern und Würmern zur Nachbarschaft
recht bald hat das Leben einen jeden dorthin gebracht
um festzustellen, dass alles verloren ist, was man so wollte
- doch ein weiteres Leben wäre nun recht für das, was das erste Leben schon sein

sollte.

Daraus lehrt man nichts Neues
Alsbald ruht der Sonne Schein
auf meinem bleichenden Gebein
und da funkeln keine Lebensdiamanten
Wurzeln und Gras sind es, die mich durchranken
und vergangen ist nun jede Kraft und Eitelkeit
nichts taugt mehr für Liebe, Freud und Leid
denn nur die Mäuse huschen noch durch die Rippen
den Schädel schmücken Ameisen statt Augen und Lippen
und wie und wo ich einst deinen zarten Mund geküsst
sind nun Knochen und Erde – kurzum: Kalter Mist
also verbleibt mir nur noch mit sich die Erde zu düngen
denn nichts mehr wird diesem Gerippe eine Seele bringen
und stolpert mal jemand über meine Knochen
und er bricht sich nichts: Kann er auf sein Glück pochen
womit als Lehre von alledem bleibt:
Zu rasch endet jede Lebenszeit.

Reise ins Nichts
Begegnet dir das Nichts auf der Reise
wird man meistens zunehmend leise
denn die Kräfte erlahmen
zusehends bei den Herren und Damen
was durchaus heftig stört
und Manche/n sogar arg empört
- allerdings bleibt ein Klagen darüber ungehört
weil es zu keiner Pforte in einen Himmel führt
und man somit besser darauf verzichtet, sich selbst die Laune noch mehr zu
vermiesen
ist auch die letzte Episode der Reise zum Verdrießen.

Erkalten?
Das Leben hat sich nun schon weit geneigt
womit auf viele Fragen ein Schweigen bleibt
denn haben wir schon genug von Leben um freundlich alt zu werden?
Haben wir uns schon aufgegeben gegen all die Beschwerden
so dass sich die Hoffnungen auflösen und in Schatten verwandeln
und wir uns selbst wie Abgeschobene und Vergessene behandeln?

Kommen wir denn nochmals abends heim
in einem zärtlich geborgenen Sein?
Oder werden die Momente schaler
die Tage fahler, stiller und kahler
und der Blick geht meist nur noch zurück
zu einem gewesenen Glück?
Doch gerade jetzt küsst du mich und es wird mich lebendig erhalten:
Unter sanften Berührungen kann keine Seele erkalten.

Spät
Wer noch Freude hat
der ist vom Leben noch nicht satt
und bemerkt lakonisch, wenn er dann zuletzt doch geht:
Wieso ist es schon so spät?

Voraus gehen
Wenn der letzte Lebenstag zu schnell vergeht
weil die Kraft nun ganz verweht
und tiefstes Schweigen sogleich alles bedeckt
Resignation, Schmerz und Ohnmacht die Seele niederstreckt
dann bleibt nur noch zu warten und es erübrigt sich alles fragen:
Was können Würmer und Maden einem über die Zukunft schon sagen?
Es sei denn man hofft im Stillen auf ein Wiedersehen:
Wir lieben uns – drum werden wir doch nicht auseinander gehen?
Und sei es auch nur, dass wir mit den Wolken schweben
und zärtlich miteinander durch den ewigen Kreislauf gehen!
Darum küsse ich dich und sage nur „auf Wiedersehen
ich werde nur mal kurz voraus gehen".

Inschrift
Man sieht nicht immer mit Entzücken
die eigene Jugend in die Ferne rücken
und das Ganze auch noch mit flottem Schritt
denn da kommt die Seele schon mal aus dem Tritt
bis man vor einem Stein steht
hinter dem der Weg sichtbar nicht mehr weiter geht
versehen mit der Inschrift: Er/Sie kam, sah und ging
mal munter, mal betrübt – doch nun ging Er/Sie dahin.

Überflüssiges Ende
Genommen und gegeben
sind Tod und Leben
durch die Liebe und die Zeit
durch Mitgefühl, Triebe, Geist und Zufälligkeit
wobei mit den Jahren keine Besserung in Aussicht steht
weil man am Schluss oft matt und erschüttert geht
was so überflüssig ist wie schade
denn eigentlich ist und war es zu schön für das Grabe.

Reise ins Nichts
Mit den Jahren in das Nichts auf der Reise
wird man zumeist zunehmend leise
denn wenn die Kräfte erlahmen
bei den Herren und Damen
ist das etwas, das durchaus stört
und manche/n sogar heftig empört
- allerdings bleibt ein solches Klagen im Himmel wohl ungehört
womit es vermutlich zu keiner offenen Himmelspforte führt
und man also besser darauf verzichtet, sich selbst mit Klagen die Tage zu vermiesen
ist auch die letzte Episode der Reise zum verdrießen.

Wiedergeburt
Dass etwas von einem irgendwie wiederkehrt
ist – zumindest in Stücken - ziemlich wahrscheinlich
doch was das einem dann beschert
ist vielleicht – gemessen am heute – schon fast peinlich
        denn jammerst du auch mal, dir sei alles zu schwer und zu viel
        dann ändert sich das spätestens wird dir „von oben" mitgeteilt
        du kämst nun zu deinem Ende, nicht aber zum Ziel:
        Du wirst nach dem Ableben zu den Regenwürmern eingeteilt
dann zu den Unkräutern und Ameisen
gefolgt von den Spinnen und Fliegen
sodann musst du als Blattlaus reisen
um dich nachfolgend als Moos unter Liebende zu legen
        gefolgt von einer Steigerung als Leben unter Ziegen
        mit einem Abschwung hinab zu den Maden
        um dann eine andere Krähe oder Taube zu lieben
        oder öfter wiederkehrend als Fadenwurm an Ass zu laben
worauf du dich danach erst zur Brennesel und dann zur Maus verwandelst
weshalb du hoffst: Es komme bitte doch wieder ein Mensch in der Reihe vor

doch es geschieht eher, dass du dir ein Dasein als kaltes Fischlein einhandelst
- so wanderst du vermutlich lange umher vor einem erträumten himmlischen Tor.

Gönne dir was
Wenn man so sieht
was in der Jugend entsteht
und wie es mit den Jahren entflieht
weiß man auch was einem im Alter entgeht
und sinnierst du also mal mit gesenktem Haupt
was dieser Werdegang dir alles raubt
und hoffst du still es möge sich eine Fortsetzung finden
um die Seele ewig an eine berauschende Liebe zu binden
so weißt du doch, dass dies nur ein Funke ist
durch den du immer mühsamer mit den Momenten verbunden bist
auf dass der Tod nicht restlos nach dir fasse
und dir von aller Lust ein ewiges Juwel übrig lasse
und darum gönnst du dir als Funken den Traum einer liebenden Unendlichkeit
- denn wenn er sich nicht erfüllt ist für dies schnöde Ende immer noch genug Zeit.

Überspringen
Bitterkeit steigt in dir empor?
Du stellst dir deinen Tod schon mal konkreter vor?
Denn die Jahre haben deinen Vorrat an Zeit bald aufgefressen?
Und du meinst du hast noch nicht genug vom Leben genossen?
Ich kann dich trösten: Das Ende wirst du vielleicht kaum noch spüren
denn eine Leblosigkeit kann ein Herz nicht mehr berühren
und so hat der Tod seinen größten Schrecken in dem Moment
in dem man sein Kommen spürt oder bedenkt
- doch wer es schafft, das mit einem Glas Wein und einer/m Liebsten zu überspringen
der kann bis zum Kommen des ungebetenen Schlusses sich freuen und singen
weshalb es wenig nutzt, sich zuvor mit dem Schluss voll Schmerz zu befassen:
Der wird dich so oder so nicht auslassen.

Zugabe
Es wäre nicht verkehrt
würde einem ein sanftes Ende beschert
allein: Es endet oft mit Mühsal und Qual
während sich die Seele windet wie ein Aal
und sie hofft, es komme vielleicht noch eine Zugabe

in und nach dem Grabe
- doch mit den Zugaben ist das so eine Sache:
Wo ist die Bühne, die dies einem in oder auf der Erde möglich mache?

Bedrückend - entzückend
Was im Leben die Seele gerbt und ätzt
wird am Ende aufgelöst und ausgewetzt
und was als Gewicht auf und in uns liegt
ist dann nur noch ein Grabstein, der schwer wiegt
- doch das wird uns dann nicht mehr bedrücken
aber leider auch nicht entzücken.

Glücklicher Schluss?
Schau nur: Rasch ist es vorbei
mit der lustigen und eitlen Gackelei
und ein Sargdeckel klappt zu
- aber noch willst du nicht diese Truh' und Ruh'
denn es ist noch eine Lust zu lieben, zu hoffen und zu rennen
und fern der Erstarrung, in einer Kiste zu pennen
ohne Liebe und ohne sanften Kuss:
Dem Leben fehlt der glückliche Schluss
- und was so manche Religion über die Ewigkeit berichtet
hat sich auch noch nie zu einer Realität verdichtet.

Einen Wunsch habe ich noch
Einen Wunsch habe ich, von dem noch nie jemand sah
ob er je in Erfüllung ging und wie es geschah:
Das man irgendwie beseelt auferstehe
wenn man aus diesem Leben gehe
um in eine uns noch unsichtbare Sphäre zu gelangen
von den irdischen Grenzen und Lasten kaum gefangen
doch von einem mächtigen Strom getragen
dass wir lieben können - frei von allem Verzagen
eingebunden in ein Kräfte- und Gedankenspiel
nur mit einem sanften Pulsieren zum Ziel
für die Liebenden voll ewiger Verbundenheit
und für die im Leben Gekränkten von zärtlicher Geborgenheit
dass die im Leben einander Verbundenen sich wiedersehen
und alle anderen sich sanft und neu verstehen
- und gleicht dieser Wunsch auch nur einem hoffenden Fragen

so will ich ihn doch bis zuletzt in mir tragen.

Rückkehr
Wie lange pulsiert die Lust heftig im Blut?
Wie weit reicht eines Lebens starke Glut?
Wann treffen alle Fragen auf zu viel Schweigen?
Wann werden sich die Träume in Stille neigen?
Und wie lange dringt ein Lachen voll Auflehnung hervor
wenn man sich selbst schon eine weite Strecke an die Zeit verlor?
Du sprichst nicht darüber: Denn ein jedes geht der Auflösung entgegen?
Mag man auch noch so betend oder hoffend nach Ewigkeit streben?
Denn zuletzt fällt Staub und Erde auf alles hernieder
und die Erde hat uns als Erde wieder.

Beschwerde
Gehört man erst mal zu den Toten auf Erden
kann man sich nicht mehr beschweren
denn der dunkle Raum der dann angebrochenen Zeit
hat keine Ohren für Klagen über eine verlorene Lebendigkeit
- wobei die Beschwerden auch zuvor keiner wirklich erhört
so sehr man sich auch lauthals beschwert
weshalb du es besser lässt und munter lächelst
und deiner Seele einen Selbstrost zufächelst
durch sinnliche Lust, Gelassenheit und Fantasien
damit die Sorgen über das Ende noch etwas vorüber zieh`n.

Ungemütlich
Ob eine Seele im Kampf mit der Vergänglichkeit
vielleicht doch noch ein überirdischer Sieger bleibt
ist etwas, das sich am Ende unabhängig von allem irdischen Glauben zeigt
denn wie auch die Seele hofft oder schreit
so sinkt sie zunächst in die Erde hinein
was als Perspektive ungemütlich ist: Der Schluss ist vielleicht gemein.

Boten
Man entdeckt so mit der Zeit
voll Sorge und mit zunehmend mühsamer Duldsamkeit
dass nichts von der einst jungen Kraft bleibt
weil sie mit der Zeit unaufhaltsam einem Horizont entgegeneilt

was zwar die Aufmerksamkeit für die verbleibenden Momente steigert
aber der gefräßigen Zeit nichts von unseren verbliebenen Lebenszeiten verweigert
was so manche/n hindert, Reife, Geduld und möglichen Frieden anzunehmen
denn man möchte sich unbeeindruckt nochmals wie ein junger Mensch geben
auch wenn das Lächeln schon mal zu einem harten Grinsen erstarrt
und man feststellt: Man hat auch sich selbst ein Stück genarrt
denn man hat sich und anderen ein vordergründiges Schauspiel geboten
als gäbe es nicht der Zeit immer näherkommenden letzten Boten.

Sinn und Sinnlichkeit
Des Tages Sinn
liegt im Heute – und so ist er morgen dahin
denn kein Moment bleibt oder kehrt wieder:
Täglich ein wenig gerupft wird des Lebens Gefieder
und nackt und erschöpft kehren wir am Ende zurück
unter die Erde nach allem Leid und allem Glück
doch so lange uns ein liebendes Pulsieren bleibt
sollte es eine schöne Sinnlichkeit sein, die uns treibt
für eine reale oder erdachte Geborgenheit
- früh genug kommt der Schlusspunkt unserer Zeit.

Ewigkeit
Die Hoffnung setzt stets auf einen neuen Beginn:
Das erhält an vielen Tagen des Lebens Sinn
- doch wenn irgendwann der heutige Tag der Letzte war
stellt sich ungeschminkt die nackte Ewigkeit dar
und sie hält für uns nichts mehr bereit:
Mit nichts reisen wir mit der Ewigkeit.

Panne
Du Mensch mit deiner kurzen Lebensspanne
betrachtest den Tod zu Recht als Panne
denn er ist das größte Missgeschick im Laufe der Zeit:
Du sitzt noch da, liebst und freust dich unter des Himmels Ewigkeit
fern der bitteren Gleichgültigkeit im unendlichen Kommen und Vergehen
denn du hast so vieles gerne erlebt und gesehen
trotz der vielen Jäger nach Macht und materiellem Gewinn
und zu wenigen, die innehalten für die Liebe als des Lebens Sinn
doch gewiss blieb stets: Das Streben nach Lust ist unser Fundament
für das die Vergänglichkeit keine Schonung noch Gnade kennt

und doch erschaffen wir uns liebend unsere eigene Welt in der Ewigkeit
als einen zeitlosen Raum aus zartem Schweben und Geborgenheit
wird dir auch zusehends klar: Solche Augenblicke sind knapp ausgestreut
darum halte dich und mich heute fest mit deiner Zärtlichkeit
denn es ist nur eine kurze Lebensspanne
bis zum Tod als der der schwersten Panne.

Besser schweigen
Befreit
von der Last der Zeit
wirkt munter und beschwingt die Jugendlichkeit
doch zunehmend offenbart sich die Lebenszeit
als eine Blume, die sich im Frost neigt
- womit einem nur bleibt
dass man heute lebt und über das Ende besser schweigt.

Eine Bezahlung wird fällig
Wie klein und schwach ist des Menschen Kraft und Hand
gemessen am Himmel und Erde: Wie ein Korn aus Sand
denn wie er sich auch streckt: Seine Kraft verfliegt und bricht
wie er auch rennt: Er ermattet rasch unter der Welt Gewicht
und so mag er sich krönen, recken und schneller laufen
am Ende werden doch all seine Werke absaufen
und mit einem Seufzer und einem Schweigen
enden der heftige Sturm und Reigen
nach manchem Wahn und großem Plan
ein von starken Wellen getragener Kahn
doch die Reise fordert zuletzt das Leben
um es als Bezahlung abzugeben.

Band
Und wieder verlässt ein Mensch die Welt
womit er alles verliert, das ihn nährt, belastet und hält
vielleicht noch fragend: „Sehe ich meine Eltern wieder, meine Kinder, meine
Lieben?
Wird mir alles genommen oder doch etwas Anderes oder Vertrautes wiedergegeben?
Erlebe ich in anderer Form Seelen, Düfte und Licht?
Spüre ich abermals eine Haut, eine Hülle, ein Gesicht?
Oder wird es nur kalt – und ich werde darüber fast verrückt?
Und ob uns ein Wiedersehen als Liebende glückt?"

Und wir noch Lebenden halten uns bei den Worten an der Hand
und der Moment knüpft auch ohne Antworten ein kostbares Band.

Dunkle Kisten
Unsere Jahre sind allenfalls wie Kometen der Ewigkeit
über deren kurzes aufblitzen man staunt, lacht oder weint
- besonders, weil sie die Jahre es am Schluss nie versäumen
uns rasch in dunkle Kisten wegzuräumen.

Tür
Wirst du mich noch hören?
Etwas von uns spüren?
Noch Freude und Kummer fühlen
weil wir uns nacheinander sehnen?
Auch wenn die Zeit uns trennt?
Weil der Tod einen von uns beim Namen nennt?
Denn die Gedanken suchen dann weiter nach dir
- spüre ich deine Seele hinter der uns trennenden Tür?

Nicht gesagt
Gestorben: So hast du auch das letzte Abenteuer bestanden
und bist von uns des nachts still davon gegangen
mit einem kurzen Abschied von diesem alten Leben:
Es sei dir in einer anderen Sphäre ein anderes und leichteres gegeben
denn wir müssen uns noch viel erzählen und uns wiedersehen
denn es würde sich lohnen, mir dir durch die Ewigkeit zu gehen
- zwar habe ich dir das in der Vergangenheit so nicht gesagt
aber es wäre schön für mich, wenn auch dir das behagt.

Ende des Kampfes
Ohne Kampf trittst du nicht ab
doch du spürst: Der Kampf wird knapp
und eigentlich kannst du gar nicht gewinnen
aber du kämpfst mit Hoffnung wie von Sinnen
doch die Erschöpfung führt ein hartes Regiment
dass am Ende keine Ausnahme kennt.

Es rollt
Was für Worte kann es für das Ende geben
wo nichts mehr bleibt, kein fühlen, kein sich regen?
Was beschreibt die Welt der Stille und Dunkelheit
in einer sinnen-los kalten Ewigkeit?
Dafür kann es keine Worte geben
denn diese Welt ist ohne Leben
ohne Lust und Hoffen, dass einen hält
nur Stein und Sand, der rollt und fällt.

Spuren
Des Platzes verwiesen, die Spuren verwischt?
Freudiger Zecher, dein Erdendasein erlischt?
Zu schnell verschlissen, was dir Himmel und Hölle ließen?
Du trinkst schon hastig, weil sich bald alle Türen schließen?
Und das sei dumm, du hättest all deine möglichen Mahlzeiten noch nicht gegessen?
Der Gastgeber – Himmel und Hölle – würden dich zu früh vergessen?
Da müssten doch noch ein paar Köstlichkeiten kommen?
Deine Lust sei noch nicht zerbrochen und verronnen?
Du hast Recht – und doch kommt kein Tag mehr der dich bedient
da schau, da rennt deine Zeit und Kraft – wie sie schwindet und flieht
und da kannst du schreien und jammern – du hältst sie nicht fest
da, diese paar Zeitkrumen, das ist dein Rest
und auch die sind nun recht bald aufgegessen
so kommt der Schluss und du bist bald vergessen.

Dein Stundenglas
Leise flüstert dein Stundenglas:
„Das war's, das war's
und du drehst mich nie mehr um
- du willst mich aufhalten? Das ist ein Traum – zwar nutzlos, aber nicht dumm".

Finden
Wenn du mir einst folgst werde ich dich erkennen
und deine Seele wieder bei ihrem vertrauten Namen nennen
dass wir uns wie Wasser und Luft auf ewig verbinden:
Wenn du nachkommst dann will und werde ich dich wieder finden.

Zeitfracht Medien GmbH
Ferdinand-Jühlke-Straße 7
99095 Erfurt, Deutschland
produktsicherheit@kolibri360.de